Y0-BTD-414

Twelve volumes documenting the Paris Exhibition of 1925

ENCYCLOPEDIE DES

ARTS DECORATIFS

ET INDUSTRIELS MODERNES

AU XXEME SIECLE

Garland Publishing

Exposition Internationale des Arts Décoratifs et Industriels Modernes •1925

THE ART OF THE BOOK

VII

Garland Publishing, Inc.• New York & London • 1977

Ref
Z
121
.A7
1977

Bibliographical Note:
this facsimile has been made from a copy
in the Metropolitan Museum of Art
(100.41 En14)

Library of Congress Cataloging in Publication Data
Main entry under title:

The Art of the book.

  (Encyclopédie des arts décoratifs et industriels
modernes au XXème siècle ; 7)
  Reprint of the ed. published by Impr. nationale,
Office central d'éditions et de librairie, Paris, as.
v. 7 of Encyclopédie des arts décoratifs et industriels
modernes au XXème siècle.
  Bibliography: p.
  Includes index.
  1. Bibliographical exhibitions. 2. Paris. Exposition internationale des arts décoratifs et industriels
modernes, 1925. I. Paris. Exposition internationale
des arts décoratifs et industriels modernes, 1925.
II. Title. III. Series.
Z121.A7 1977   016.686   77-3234
ISBN 0-8240-2494-X

Printed in the United States of America

Library
UNIVERSITY OF MIAMI

VMS 7/18/80

INTRODUCTION

INTRODUCTION.

L'invention géniale du xvᵉ siècle qui, en vulgarisant l'instruction & la culture, eut une telle influence sur l'évolution sociale, transforma l'art du livre; elle ne l'amoindrit pas.

Les papiers à la forme valaient les parchemins & les vélins; les caractères étaient d'un dessin aussi pur que celui des manuscrits; complétés par les capitales enluminées, on comprend l'attrait mystérieux des premiers livres dont l'aspect se rapprochait des chefs-d'œuvre manuels.

L'illustration par la gravure sur bois acheva cette perfection: jamais la technique & l'art n'ont été plus heureusement unis que dans ces éditions où l'image ne servait qu'à compléter la typographie; il n'y a pas un titre de cette époque qui ne soit un exemple de composition décorative, par les décrochements de lignes, par le rapport des noirs & des blancs, par l'arabesque des grandes lettres, des encadrements.

La diffusion du livre, sans cesse croissante depuis quatre siècles, l'industrialisa &, à voir sa déchéance au milieu du siècle dernier, il faut bien reconnaître que l'art n'y trouvait plus son compte.

Comme le rappelle M. Raymond Escholier, rapporteur du Jury de la Classe 15, «le déclin du romantisme auquel nous devons les derniers chefs-d'œuvre de la librairie, le *Gil Blas* de Jean Gigoux, *L'Expédition des Portes de Fer* de Raffet, consomma la décadence du beau livre».

Mais les conditions nouvelles de l'édition, les magnifiques progrès techniques qu'elles suscitèrent, allaient préparer la renaissance actuelle.

Sans doute les reproductions mécaniques furent, au début, l'occasion de certaines erreurs de goût. Toutefois le «gillotage» a permis des réalisations de haute valeur, comme le *Don Pablo de Ségovie* de Daniel Vierge, publié en 1882 chez Bonhoure, ou *Les Quatre Fils Aymon* d'Eugène Grasset, publiés en 1883 chez Launette.

On ne saurait nier que la photogravure portât préjudice à la gravure d'interprétation. Mais était-ce un préjudice pour l'art? L'illustrateur, qui rarement gravait ses dessins lui-même, avait perdu de vue les conditions techniques dans lesquelles ils devaient être reproduits; parfois il multipliait les effets de teinte au lavis, posant au graveur des problèmes presque insolubles. Quant au graveur, n'ouvrait-il pas lui-même la voie à la reproduction mécanique, en reportant sur son bois une image photographique?

D'autre part, la gravure au burin & surtout l'eau-forte, qui présentent avec la typographie beaucoup moins d'affinité que la gravure sur bois, la lithographie, dont l'aspect flou s'oppose à la netteté de la lettre, rencontraient la faveur des éditeurs & se développaient en hors-texte. Les autres éléments du décor subissaient, eux aussi, une crise. La typographie restait timide & banale. On recherchait rarement l'homogénéité dans la mise en pages. La reliure, comme le meuble ou l'architecture, pastichait les styles anciens.

La conception que libraires & amateurs se faisaient alors du livre d'art ne fut pas non plus étrangère à ses vicissitudes. Pour eux, selon le mot d'un bibliophile célèbre, un bel ouvrage était « un musée de dessins». D'autres voyaient surtout le tirage limité, la valeur du papier, la richesse de la couverture.

Ici comme ailleurs, on oubliait que la beauté d'une œuvre d'art décoratif dépend étroitement de sa parfaite appropriation à son objet. On voulait ignorer qu'un livre est destiné à loger une pensée comme une maison est faite pour être habitée.

La seconde moitié du xixe siècle n'en posséda pas moins de grands artistes du livre. La puissante personnalité de Gustave Doré domine ce temps. Après avoir connu un succès unique en France & surtout en Angleterre où, de son vivant, ses planches se payaient jusqu'à 1.000 francs, chiffre exceptionnel pour l'époque, il a subi un injuste revirement de l'opinion, dû à la surabondance de sa production & aux exagérations de son goût romantique.

Après Sotain & Pisan qui interprétèrent l'œuvre de Doré, la gravure sur bois donna des ouvrages de mérite avec Bellanger, puis avec Léveillé. Le premier grava notamment les charmants dessins de Lhermitte pour *La Vie rustique* d'André Theuriet, éditée par Launette en 1888, le second les planches du *Rodin* édité par Floury en 1899.

Il ne faut pas oublier les leçons d'équilibre, de clarté, de finesse que donna L. O. Merson quand il illustra pour Palmé *La Chevalerie*, pour Mame *La Chanson de Roland, Sainte Élisabeth de Hongrie,* pour Ferroud *Saint Julien l'Hospitalier,* pour Testard *Notre-Dame de Paris,* pour Blaizot *La Jacquerie.*

Parmi les éditeurs, Jouaust qui, dans sa *Librairie du Bibliophile,* recherchait le beau papier & la belle typographie, Quantin, avec sa *Collection antique* & sa série du *Roman contemporain,* Launette, Liseux, Lemerre, Conquet, font la transition entre Curmer ou ses émules de l'époque romantique & les novateurs de l'édition moderne. Conquet, en particulier, eut le mérite de s'adresser à des illustrateurs comme Daniel Vierge, Lepère, Lunois, Louis Morin, en même temps que, par son action sur sa clientèle, transformée en un cénacle de bibliophiles, il leur créait un public.

Trois noms, ceux du dessinateur Grasset, du graveur Bracquemond & de l'éditeur Pelletan, symbolisent en France le courant d'idées qui aboutit à la renaissance contemporaine.

Après ses illustrations pour *Les Quatre Fils Aymon,* Grasset s'attacha surtout à la modernisation de la typographie. Le «Grasset», caractère nouveau qu'il dessina & qui fut fondu par Peignot, servit à imprimer les *Aventures merveilleuses de Huon de Bordeaux,* parues en 1898. Le succès du «Grasset» ouvrit la voie aux créations de George Auriol, de Bellery-Desfontaines, de Naudin, pour les Fonderies Peignot, à celles de Giraldon pour les Fonderies Deberny, aux restaurations des «Cochin», bref au brillant renouvellement qui s'est poursuivi avant & après la guerre de 1914-1918.

Dans son *Étude sur la Gravure sur Bois* publiée en 1897, Bracquemond réclamait «l'unité de matière dans la page imprimée», obtenue par le recours à la gravure sur bois. Maître de l'eau-forte, il avait un certain mérite à proclamer cette vérité. Il rappelait aussi que le bois doit être traité dans un tout autre esprit que la taille-douce ou la reproduction phototypique, & ses conseils exercèrent une influence considérable sur toute une génération d'artistes. Enfin, il soulignait le rôle prépondérant de l'éditeur, «architecte du livre».

Ce titre d'architecte du livre, nul mieux que Pelletan ne le mérita. Ouverte en 1896, sa maison d'éditions acquérait en quelques années une renommée européenne par une série de publications remarquables. Les *Nuits* d'Alfred de Musset, les *Petits Contes à ma Sœur* d'Hégésippe Moreau, les *Ballades* de Villon, l'*Oaristys* de Théocrite, datent de 1896. Parmi les œuvres les plus caractéristiques des années qui suivirent, il faut citer *La Mandragore* de Jean Lorrain, *L'Affaire Crainquebille, Le Misanthrope, La Chanson des Gueux.*

Dans une *Lettre aux Bibliophiles*, Pelletan développait les idées suivantes : un livre est un texte. Pour notre vue, un texte signifie du noir sur du blanc : la gravure sur bois traitée sans demi-teinte en est le décor logique ; Pelletan rejoint ici Bracquemond. Pour notre esprit, un texte, c'est du Molière, du Chateaubriand, de l'Anatole France, c'est-à-dire non pas une matière inerte, mais le reflet d'une personnalité. Les caractères ayant eux aussi leur personnalité, Pelletan voudrait créer un type pour chaque œuvre. Il est ainsi amené à participer au renouvellement typographique inauguré par Grasset.

Aussi, dans les ouvrages qu'il édite, rien n'est laissé au hasard. On y sent un effort constant de fidélité à la pensée de l'auteur, à l'ambiance que suggère l'œuvre. Pour les *Nuits* il choisit un caractère élancé, le «onze Raçon» en hauteur, qui semble idéaliser la page & qui épargne aux longs alexandrins la gaucherie des rejets. Les *Ballades* de Villon, imprimées dans un «roman» ancien des Fonderies Deberny, sont une évocation suggestive qui ne renie pourtant pas sa date moderne & n'impose aucune difficulté de lecture par un pastiche intempestif.

De même, les titres, ces huissiers plus ou moins chamarrés qui, d'habitude, font des annonces plus ou moins correctes, les encadrements, les culs-de-lampe, les initiales, la couleur sont étudiés en vue de l'effet d'ensemble. Pelletan comprend qu'entre deux présentations du livre, il peut y avoir la même différence qu'entre l'introduction solennelle d'un ambassadeur et la joyeuse entrée d'un clown. Ses recherches vont jusqu'à la subtilité : *Le Misanthrope* porte la couleur d'Alceste, le vert des fameux rubans. «*La Mandragore,* remarque M. Raymond Hesse, par sa ligne de gothique aux lettres noires & rouges, souligne le caractère légendaire du conte de Jean Lorrain ; *L'Affaire Crainquebille,* aventure d'un pauvre marchand de quatre saisons, est évoquée par l'emploi de la plus lourde des fontes de style ; *L'Histoire du Chien de Brisquet* indique par son titre entièrement dessiné & illustré qu'elle est un conte pour amuser les enfants. »

Le mérite de ces recherches revient pour une part aux illustrateurs.

Pelletan sut choisir Daniel Vierge, Grasset, Bellery-Desfontaines, Jeanniot, P. E. Colin, Bellenger.

Pendant que Pelletan rénovait l'édition, le livre d'amateur & le livre d'artiste donnaient l'exemple de réalisations qui, pour être exceptionnelles, n'en exercèrent pas moins une influence certaine.

Les sociétés de bibliophiles prirent une grande part à ce mouvement: Société des Bibliophiles français, fondée en 1820, Société des Amis des Livres, fondée en 1874, Société des Cent Bibliophiles, fondée en 1895, Société des XX, fondée en 1897, Société du Livre contemporain, fondée en 1904, Le Livre d'Art, fondé en 1905, Société des Amis du Livre moderne, Cercle Lyonnais du Livre. Mais il faut surtout rendre hommage à l'action personnelle d'Henri Béraldi. C'est pour lui que furent gravés & imprimés les *Paysages parisiens* d'Émile Goudeau & *Paris au Hasard* de Georges Montorgueil où put s'affirmer le talent d'Auguste Lepère. Henri Béraldi révéla aussi celui de Ch. Jouas.

D'autre part, les graveurs sur bois parisiens, sentant que leur meilleur moyen de défense contre la concurrence de la photogravure consistait à ramener leur technique à ses vrais principes, venaient de constituer la Société artistique du Livre. Celle-ci publiait, à partir de 1890, une série d'ouvrages sur *Paris vivant,* à laquelle collaborèrent Bellenger, Tinayre, Lepère. Ils fondaient la revue *L'Image.* Enfin, en 1899, paraissait la série des *Minutes parisiennes* sous la direction de Tony Beltrand & de Dété. Le premier volume était précédé d'un manifeste protestant contre les artifices auxquels recourait la gravure, comme par honte d'elle-même. «La gravure, y lisait-on, crée à nouveau par un moyen nouveau.» Elle implique une compréhension particulière des formes & des valeurs & ne saurait devenir «un art servile».

Le livre d'artiste, synthèse heureuse qui permet à une volonté unique de s'affirmer dans tous les éléments du texte & du décor, tenta plus d'un esprit original. Si l'œuvre de Lucien Pissaro, qui, établi outre Manche presque dès ses débuts, avait été très influencé par William Morris, relève plutôt du mouvement anglais, celle de Lepère occupe une place importante dans l'évolution française.

Dessinateur nerveux & précis, aquafortiste & surtout graveur sur bois d'une incomparable virtuosité, Auguste Lepère avait déjà donné la série variée de ses illustrations pour *Paysages parisiens* (1894), *Paris au Hasard* (1895), *Paris-Almanach* (1897), *Dimanches parisiens* (1898), *Paysages & Coins de Rues* (1900), quand il réalisa le merveilleux ensemble d'*À Rebours*. Le choix du caractère, la complexité des arabesques, des en-têtes & des culs-de-lampe, les bois polychromes qui expriment avec intensité la fantaisie tourmentée de Huysmans, tout a été conçu, puis ordonné, par un maître d'œuvre qui ne dépend d'aucun interprétateur & qui est sûr de sa technique. Avec son *Éloge de la Folie,* puissant, passionné, Lepère parvient à s'affranchir de tout contrôle d'éditeur. Dans ce livre, entièrement gravé, composé & tiré dans son atelier sur un papier à la cuve qui porte son filigrane, il a choisi pour caractères des «Deberny» & des «Turlot», il a conçu une harmonieuse mise en pages. L'*Éloge de la Folie* marque une étape d'autant plus importante dans l'évolution des conceptions modernes du décor que Lepère adopte le plus souvent, pour présenter sa comédie de la Folie, un cadre & des costumes contemporains, en donnant ainsi, du texte toujours jeune d'Érasme, une transposition saisissante.

La renaissance de la xylographie ne fit d'ailleurs pas abandonner les autres techniques. C'est par l'eau-forte que s'exprime le talent puissant de Ch. Jouas, dans *Le Quartier Notre-Dame,* édité en 1905 par Romagnol, dans *La Cathédrale,* éditée en 1909 par Blaizot & Kieffer, dans *La Cité des Eaux,* éditée en 1912 par Kieffer. Si l'unité du décor s'accommode plus difficilement de l'eau-forte que de la gravure sur bois, on n'en cherche pas moins à la réaliser. Les pages de *La Cathédrale* évoquent le glorieux monument de Chartres aussi bien par leur ordonnance & leur complexité bien équilibrée que par leurs robustes lettrines, aux motifs d'architecture gothique.

Les dix ou quinze années qui précédèrent la guerre de 1914 furent pour le livre français une période d'efforts incessants & d'initiatives souvent heureuses. Les sociétés de bibliophiles, rivalisant d'activité avec les éditeurs Blaizot, Conard, Ferroud, Fleury, Kieffer, Pellet, A. Vollard, recourent à tous les modes d'illustration & font appel aux talents les plus divers, depuis Steinlein, Forain, Albert Besnard, jusqu'à Maurice Denis, Desvallières, Carlègle. Si l'évolution du goût conduit aujourd'hui trop facilement à déprécier certaines œuvres de grand mérite où s'accuse l'influence de modes périmées, les eaux-fortes de Louis Legrand, de Raffaëlli, de Rassenfosse, les pointes sèches de

Malo-Renault, les lithographies de Toulouse-Lautrec décorent d'une parure enviable les ouvrages de l'époque.

Parmi les publications alors les plus remarquées, citons le *Dominique* de Fromentin, illustré par Leheutre & édité par le Livre Contemporain; les *Histoires naturelles* de Jules Renard, illustrées par Toulouse-Lautrec, éditées en commun par l'artiste, l'auteur & leur ami le libraire Floury en 1900; la *Carmen* illustrée par Lunois & éditée par les Cent Bibliophiles en 1902; les *Poèmes à l'Eau-forte* de Louis Legrand, édités par Pellet en 1914; *Le Livre de la Jungle* édité par le Livre Contemporain, dont les planches dessinées par Jouve de 1911 à 1914 furent gravées par Schmied à la fin de la guerre; les belles plaquettes de Bernouard, dont l'originalité annonçait la vision contemporaine.

La renaissance des arts graphiques français aurait été incomplète si elle s'était bornée à la typographie, à la mise en pages & à l'illustration. La reliure revint, elle aussi, aux recherches personnelles avec Charles Meunier, qui sut donner au décor du dos son importance & sa signification, avec Raparlier, avec Ruban, & surtout avec Marius Michel, dont l'action ne fut pas moins efficace dans la parure extérieure du livre que celle de Pelletan dans l'édition.

Son indépendance fut méritoire car, à ses débuts, vers 1875, ses essais furent mis en quarantaine par les bibliophiles d'alors, habitués à l'imitation idolâtre du bon vieux temps. C'était l'époque où Trautz-Bauzonnet, Amand, Duru, Lortic, Cuzin copiaient indéfiniment les reliures anciennes.

Marius Michel s'inspira d'abord de la conception décorative médiévale, puis se dégagea du Moyen Âge qui l'alourdissait; il étudia la flore ornementale & sa stylisation parallèlement à Gallé & à Grasset. Comme ses contemporains, il prodigua orchidées, lys, cyclamens, fuchsias, chardons, chèvrefeuilles. Mais il subordonnait surtout ses recherches à un élément intellectuel: l'appropriation du décor au texte. Ses évocations restaient d'ailleurs à l'état de suggestion subtile & répugnaient aux trop faciles symbolismes. Elles se distinguent par leur équilibre, leur élégance sans recherche, leur richesse sans outrance.

Ces précieuses qualités étaient servies par une grande habileté technique: Marius Michel eut, au suprême degré, le souci de la perfection matérielle, de la précision des formes; sa sûreté de main se manifestait dans les moindres détails. Son œuvre est considérable : non seulement il travailla le cuir d'après ses propres conceptions, mais il exécuta des reliures d'après Bellery-Desfontaines, E. Grasset, Lepère. Avec lui émergea toute une école de relieurs conquis au modernisme, qui, dès 1902, brillèrent à l'Exposition du Musée Galliéra.

« Ce fut, a écrit Henri Béraldi, le triomphe de la reliure normale, du décor équilibré & symétrique sans anecdotes ni excentricités, ce fut un style brillant, riche, sage, entièrement acquis à la flore ornementale stylisée, à la mosaïque, au luxe des plats doublés & des gardes de soie. »

Le renouveau du livre français coïncida avec un mouvement d'origine anglaise qui s'était propagé dans plusieurs autres pays. D'ailleurs, l'exposition organisée à Paris par la maison Bing, en révélant les progrès accomplis à l'étranger, stimula l'initiative de certains de nos novateurs, en particulier de Pelletan.

D'après les paroles mêmes de Walter Crane, c'est pour l'art du livre que la renaissance anglaise du xixe siècle a eu les plus fécondes conséquences. Si l'on attribue, comme il est juste, le principal mérite de cette renaissance à William Morris, on la fait dater généralement de la fondation de la Kelmscott Press, en 1891. En réalité, c'est au milieu de l'époque Victorienne que Morris & ses amis commencèrent leur effort. La belle édition des *Poëmes* de Tennyson, illustrée par D. G. Rossetti, fut publiée chez Moxon dès 1857.

Dans son ouvrage *L'Illustration décorative,* Morris proclamait l'harmonie indispensable de tous les éléments du livre, texte, illustration, encadrement, reliure, & rappelait à l'artiste qu'il devait savoir sacrifier les ornements disparates à l'architecture de l'ensemble. Il fut ainsi amené à restaurer la gravure sur bois dans son ancienne prééminence, & en particulier la gravure au trait gras, sans demi-teinte, à cause de ses évidentes affinités avec la typographie. Il n'avait pas la prétention d'inventer les principes, valables pour toutes les époques, qui lui avaient été inspirés par l'étude des ouvrages flamands, français, italiens & allemands des xve & xvie siècles. Mais si l'on oppose à l'oubli dans lequel ils étaient tombés leur triomphe à l'Exposition de 1925, on peut voir en Morris un véritable novateur, un moderne.

William Morris & Walter Crane étaient modernes aussi dans leur souci de faire servir les ressources de l'industrie à la diffusion des belles œuvres. On leur doit la résurrection du livre de prix moyen, du livre d'enseignement, de la revue, du livre de contes pour enfants, dont ils se préoccupaient plus que des volumes de bibliophiles à tirage limité.

Ce qui date dans leurs éditions, c'est l'inspiration, ce sont les thèmes décoratifs qui, eux aussi, passèrent pour modernes mais qui sacrifiaient surtout aux modes de l'époque : préraphaélisme, préciosité, archaïsme.

L'influence de William Morris & de Walter Crane se fit sentir dans la plupart des pays étrangers.

En Suède, E. G. Folcker fut le principal propagateur de leur doctrine, dont s'inspira surtout l'éditeur Waldemar Zachrisson. A la suite des Anglais, les Suédois recherchèrent la perfection dans l'édition courante par le choix des caractères, l'équilibre de la page, la simplicité distinguée de la reliure. Akke Kumlien & Hugo Lagerström sont, dans les vingt dernières années, les noms marquants de ce mouvement.

C'est à Bernard Anderson & surtout à Gustaf Hedberg qu'est dû le renouvellement de la reliure. Hedberg apprit son métier en France. Il mettait sa confiance plutôt dans le retour aux traditions anciennes & à la probité technique que dans la recherche de l'originalité. Après sa mort, son frère Arvid & ses élèves, au nombre desquels il faut citer Victor Aström, continuèrent son œuvre dans le même esprit.

Hendriksen fut le grand rénovateur de l'art du livre au Danemark. En 1888 il fonda une Société du Livre, dont le programme comportait la création d'une école professionnelle destinée à former des typographes & des relieurs. Il obtenait en même temps la collaboration des meilleurs artistes danois tels que Skovgaard, Bindesböll. La reliure retrouvait sa qualité avec Ch. Host.

En Norvège, l'illustration du livre dans la seconde moitié du XXᵉ siècle subit l'impulsion de deux grands artistes : Gerhard Munthe & Erik Werenskiold. Sans renier les influences française & allemande, ils s'efforcèrent de donner à leurs œuvres un accent autochtone ; leurs dessins pour les *Sagas* reflètent heureusement cette tendance. D'autre part, la typographie, le décor de la page, la reliure, atteignaient une sorte de perfection statique, grâce à un parti pris de simplicité où l'on retrouve l'inspiration anglaise.

En Italie, l'art du livre traversa, à la fin du XIXe siècle, une longue période d'incertitude. Après la mort de Paolo Galeati, d'Imola, que G. Fumagalli appelle «le dernier des typographes classiques», la tradition du beau métier semblait sur le point de disparaître. Mais déjà Raphaël Bertieri avait commencé une salutaire propagande par l'enseignement & par l'exemple. Directeur dès 1904 du Risorgimento Grafico, il exerça également, depuis 1921, la direction de la Scuola del Libro. Cette école, fondée en 1902, a pour mission de « compléter la préparation technique des artisans polygraphes & de former une conscience artistique dans le domaine des industries graphiques».

Cet effort se réclama, comme dans les pays Scandinaves, des traditions nationales. Pour la composition des textes on eut recours à des types inspirés de modèles anciens. C'est ainsi que la Fonderie Nebiolo de Turin créait, à partir de 1913, ses caractères imités de ceux de Bodoni, puis l'«Incunabula», le «Ruano». D'autre part, les illustrateurs, suivant l'exemple anglais, se remettaient à pratiquer la gravure sur bois. La revue florentine *Leonardo,* puis l'*Hermès* de G. A. Borghese furent à l'origine de ce mouvement, qui se poursuit aujourd'hui sous l'impulsion de A. de Carolis & de la revue l'*Eroica.*

L'Espagne ne semble avoir été touchée que tardivement. Si la patrie de Goya produisait des maîtres du burin & de l'eau-forte tels que Estruch, Galvan, Campuzano & surtout Urrabieta, dit Daniel Vierge, dont la verve fougueuse s'est dépensée dans les journaux, les revues & les livres, les éditeurs espagnols gardaient, jusqu'à ces dernières années, un esprit assez conservateur.

Ce furent l'originalité & la hardiesse des illustrateurs qui distinguèrent l'art du livre en Belgique à la fin du XIXe siècle : la typographie resta traditionnelle & les imprimeurs belges continuèrent à recourir aux graveurs & aux fondeurs de caractères des pays étrangers.

A l'instar de Félicien Rops qui, après avoir pratiqué la lithographie, devint un maître de l'eau-forte dans ses inoubliables interprétations de Baudelaire & de Barbey d'Aurevilly, Ensor, Ramah, de Groux, Van Rysselberghe furent aquafortistes. De nos jours une réaction s'est manifestée : c'est la gravure sur bois qui a la faveur des Masereel, des Cantré, des Minne.

Il est peu de pays où la rénovation du livre ait produit des effets plus heureux qu'en Hollande. Citer parmi les artistes Der Kinderen, Berlage, Roland Holst, Lauweriks, Lion-Cachet, Rueter, parmi les offices d'imprimerie & d'éditions Zilverdistel, Leiter-Nipels, Palladium, Boosten & Stols, la revue Wendingen, c'est évoquer le mouvement original qui prit naissance dès 1890 & continue actuellement. Rythmiques & stylisés à outrance, les décors néerlandais exercèrent une certaine influence sur les illustrateurs des autres pays. Toutefois, le renouvellement de la reliure, du papier, des vignettes & des frontispices précéda de beaucoup celui de la typographie. Pendant longtemps les presses hollandaises durent recourir à des caractères étrangers. C'est seulement en 1912 qu'avec le «Médiéval», dessiné par de Roos & employé par la firme Brusse de Rotterdam, les Pays-Bas eurent leur premier type national. Le «Zilvertype», qui date de 1915, l'«Erasmus», de 1923, le «Grotius», de 1926 & le «Meidoorntype», de 1927, tous dus à de Roos, le «Lutetia», créé en 1925 par Van Krimpen, constituent aujourd'hui une gamme assez riche pour donner au livre hollandais sa complète originalité.

En Allemagne, l'histoire du livre se ressentit, plus qu'ailleurs, de l'évolution industrielle. Au début du XXᵉ siècle, la production de la librairie allemande était devenue la plus considérable du monde. Les techniques qui concourent à la fabrication & à la décoration de l'ouvrage imprimé, papeterie, fonte des caractères, typographie, lithographie, photogravure avaient pris un développement remarquable.

Toutefois, comme dans les autres pays, l'esthétique du livre avait subi de nombreuses variations. La plupart des procédés d'illustration, après avoir été en faveur au début du siècle, étaient plus ou moins tombés en décadence par la suite.

La gravure au burin avait été traitée avec fermeté & quelque sécheresse par la génération d'Amsler, Merz, Schaffer, Schütz. Une réaction se produisit avec Schuler, Joseph Keller, E. Mandel, F. R. Wagner, qui pratiquèrent surtout la gravure d'interprétation & s'efforcèrent de perfectionner les ressources du métier en vue de rendre le moelleux des tableaux ou des dessins. Enfin, à partir de 1880, la grande majorité des artistes allemands se détournèrent de cette technique. L'eau-forte connut aussi une période d'activité au milieu du siècle avec L. Richter, Menzel, Bürkner, puis fut assez longtemps délaissée. La lithographie avait été rénovée par Menzel, qui composa les suites des *Faits mémo-rables de l'Histoire du Brandebourg* & du *Pater.* La fondation des grands journaux & revues illustrés de Munich, les Münchner Bildebogen & les Fliegende Blätter, avaient donné un élan vigoureux à la traduction xylographique, à défaut de la gravure sur bois originale, assez peu pra-tiquée. Néanmoins ces techniques reculaient de plus en plus devant les procédés mécaniques de reproduction.

A la fin du xixe siècle, le décor du livre cessa d'être considéré comme un art inférieur; d'autre part, la rénovation de l'édition à prix modéré provoqua un nouvel essor. La gravure sur bois connut, jusqu'à ces dernières années, moins de faveur qu'en France. Mais l'eau-forte originale & la lithographie en noir & en couleur, l'«algraphie», procédé dans lequel l'aluminium remplace la pierre, furent en honneur. La reliure échappait à la routine & le livre allemand, principalement le livre à bon marché, se distinguait par la fraîcheur de ses décors. On y constatait des recherches souvent heureuses d'originalité dans la mise en pages. Il s'y mêlait des archaïsmes qu'accentuait aux yeux des étrangers l'emploi persistant des caractères gothiques.

Des tendances analogues se retrouvaient dans la production des autres régions de l'Europe centrale : Suisse allemande, Bohême, Hon-grie, Croatie, Autriche.

Dans ce dernier pays, le développement des arts graphiques fut efficacement favorisé par l'État & par les groupements privés. L'Impri-merie Impériale, qui date de 1804, joua un rôle de premier plan en s'efforçant de renouveler la typographie & surtout en stimulant l'activité des artistes par ses grandes éditions illustrées, dont la plus célèbre fut *La Monarchie autrichienne par le Texte & par l'Image,* publiée sous la direc-tion de l'Archiduc Rodolphe. La Société des Arts Graphiques, fondée en 1871 par M. Von Wieser, contribua de son côté à l'essor de l'es-tampe. Ses belles publications, ouvrages sur l'histoire de l'art, descrip-tions de musées, revue *Die Grafischen Künste,* lui ont acquis une légitime renommée. Il convient aussi de mentionner les efforts de la Wiener Kunstgewerbeschule pour le développement de l'illustration & de la reliure ainsi que l'heureuse influence des Wiener Werkstätte.

Tous les modes de décor donnèrent aux Autrichiens l'occasion de déployer leur fantaisie & leur virtuosité; mais, de même qu'en Allemagne, la lithographie eut la préférence. F. Von Myrbach fut, au début du xxᵉ siècle, le maître de la lithographie & de l'algraphie. Toutefois, pendant la période d'activité qui coïncida avec la fondation à Vienne de la Sécession, ce fut à la gravure sur bois que recoururent Roller, Andri & plusieurs autres artistes. La constitution d'un nouveau groupement aux tendances très modernes, le Hagenbund, offrit au talent de Lefler, d'Urban, de Junk le moyen de s'affirmer. Après avoir sacrifié à l'archaïsme préraphaélite, les illustrateurs viennois se firent remarquer par leur inspiration révolutionnaire.

Rénovateurs de la calligraphie, Larisch, Hertha Ramsauer & leurs élèves, représentent une tendance assez divergente puisqu'ils renoncent aux possibilités techniques fournies par l'industrie contemporaine & à cette diffusion de la pensée qui est la raison d'être du livre. Leur solution, le manuscrit, est, en un sens, plus logique que la limitation excessive des tirages; celle-ci satisfait surtout à la vanité un peu égoïste du collectionneur, tandis que les «livres personnels», exemplaires uniques écrits & reliés à la main, permettent de connaître les intentions les plus subtiles de l'artiste, qui s'y est directement exprimé. Ce sont de précieuses choses d'exception.

Les pays de l'Europe orientale retrouvèrent, à la fin du xixᵉ siècle, une fraîcheur d'inspiration empruntée aux traditions populaires & cette renaissance coïncida heureusement avec la restauration de l'enseignement technique & le développement industriel.

En Pologne, le grand novateur fut le peintre-poète S. Wyspiànski, qui avait déjà consacré à l'art du théâtre les ressources de son esprit inventif. Après lui, J. Kukowski fut le protagoniste de cette évolution. La revue *Chimery* fondée en 1901, à Varsovie, par Z. Przesmycki, la Société de l'art appliqué polonais, fondée en 1910 à Cracovie, par Wyspiànski, exercèrent une grande influence. Dans l'espace d'une génération on assista à l'éclosion d'un style élégant & original, fortement marqué de l'empreinte nationale. Mehoffer, Trojanowski parmi les illustrateurs, Anczyc, Lazarski, Boguslawski parmi les imprimeurs, Jahoda, Lenart, Semkowicz parmi les relieurs, en sont les représentants.

En Russie, les images délicates & fantaisistes de Somof, les bois de Mˡˡᵉ Ostroumova, les illustrations pour contes de fées de Maliavine ou de Bylibine révélaient une sensibilité raffinée, mystique & tournée vers le passé. Comme le décor du théâtre, celui du livre essayait de retrouver le charme des légendes slaves en empruntant à l'art populaire sa naïveté & sa couleur. Les éditeurs faisaient un grand usage des papiers de luxe. Texte, encadrements, frontispices, reliure étaient traités avec goût & souvent avec originalité.

L'art du livre aux États-Unis présentait deux caractères essentiels : la faveur des ouvrages de luxe à tirage limité, faveur due au grand nombre des sociétés de riches bibliophiles, & la facture soignée, traditionnelle & même archaïque des éditions courantes. Toutefois, parmi les imprimeurs, si D. B. Updike & C. P. Rollins indiquaient la tendance d'une majorité conservatrice, Bruce Rogers & d'autres, au contraire, se sont maintes fois adonnés à des recherches originales. On doit à l'Amérique quelques-unes des créations les plus heureuses de la fonderie contemporaine, le caractère romain «Cheltenham» que grava, en 1904, Ingalls Kimball & qui, importé en Europe par Caslon, jouit chez nous d'une faveur méritée, le «Della Robbia», le «Médicis».

Les illustrateurs semblent avoir suivi surtout l'exemple de W. Morris & de ses émules anglais. Toutefois, depuis une dizaine d'années & peut-être sous les influences française & allemande, se font jour des inspirations plus hardies.

Il est regrettable qu'on n'ait pas pu les confronter, en 1925, avec celles, si neuves & si diverses que montraient dans l'art du livre, la plupart des nations européennes.

CLASSE 15

ART ET INDUSTRIE DU LIVRE

ART ET INDUSTRIE DU LIVRE.

L'invention du livre imprimé avait été l'un des facteurs de l'évolution sociale & économique qui, à son tour, a modifié les conditions modernes de l'édition.

Bracquemond attribuait à l'éditeur le rôle d'«architecte» du livre. L'idée a été reprise par M. André Focillon dans sa préface au *Livre* de M. Marius Audin. «Les livres, écrit-il, ne doivent pas tout à la sublimité de l'esprit qui les conçut. Je n'ai pas peur de dire qu'ils sont matière ordonnée, façonnée, douée de vie enfin par une technique qui est un art. Nul art n'est plus voisin de l'architecture que la typographie. De même que l'ordonnateur d'un palais répartit avec une sage mesure l'ombre & la lumière, de même l'ordonnateur d'un livre, disposant de deux forces contraires, le blanc du papier & le noir de l'encre, assigne à chacune d'elles un rôle & combine une harmonie. Il y a, en architecture, de grands plans calmes qui sont comme des marges. Il y a, dans un livre, des symétries & des alternances qui sont celles d'une bâtisse.»

M. Charles Saunier, dans ses *Décorateurs du Livre,* cite quelques-uns des collaborateurs indispensables à l'éditeur pour mener à bien un beau livre : «un fondeur de caractères fournissant les types en accord avec l'esprit de l'ouvrage; un imprimeur expert; par-dessus tout des artistes, dessinateurs, graveurs, bien pénétrés de leur rôle & capables de collaborer intimement pour le plus grand succès du volume en préparation».

LE PAPIER.

Parmi les artisans du beau livre, le fabricant de papier remplit un rôle capital : il contribue à l'aspect de l'œuvre, en assure la durée.

Depuis le XIXe siècle la diffusion des livres, des journaux, des publications de toute sorte, a exigé une consommation de papier, & de papier à bon marché, qui jamais auparavant n'avait été envisagée & que seules les découvertes chimiques & mécaniques ont rendue possible.

A une telle fabrication ne pouvaient plus convenir les longues manipulations par lesquelles la pâte de chiffons, égouttée dans des châssis de laiton, devenait le papier «à la forme» portant l'empreinte des «vergeures» & des «pontuseaux». Les chiffons de chanvre ou de lin allaient être remplacés, dans la proportion de 95 p. 100, par d'autres substances végétales plus ou moins riches en fibres : bois tendre, paille, alfa. La pâte de bois mécanique dont le principe, inventé en Allemagne en 1853, consiste à défibrer des bûchettes à l'aide de meules, fournit les papiers ordinaires, tels que le papier de journal. La pâte chimique, dans laquelle le bois est réduit à l'état de cellulose par l'action de la soude ou du bisulfite de chaux, est réservée aux papiers fins.

Pour ces matières nouvelles, on a dû créer des procédés industriels; à la fin du XVIIIe siècle, Robert avait inventé, aux Papeteries d'Essonnes, les premières machines à papier continu; perfectionnées peu à peu, notamment par Canson en 1830, elles ont abouti à l'outillage moderne des usines qui fabriquent des kilomètres de papier en rouleau.

Des traitements spéciaux sont nécessaires pour que le papier offre les aspects différents correspondant aux besoins divers de l'édition.

Le papier peut être uni ou vergé, satiné, glacé ou bouffant afin de présenter plus ou moins d'épaisseur tout en gardant le même poids, selon qu'il aura été plus ou moins laminé entre des rouleaux métalliques; il peut être rendu plus ou moins grenu par l'emploi de feutres appropriés.

La similigravure & les divers procédés photographiques ont eu une fâcheuse répercussion sur la qualité des papiers. Par le faible relief de ses éléments constitutifs, la similigravure exige en effet pour support une matière particulièrement lisse, papier surglacé & surtout papier couché.

Apprêté au moyen d'un enduit composé de colle animale & de matières minérales telles que le blanc de baryte ou le kaolin, le papier couché peut être rendu mat ou brillant par l'emploi de talc & de brosses. Il a tous les défauts : lourd, cassant, sensible à l'humidité qui colle les feuilles les unes aux autres, il se raye, crisse sous les doigts, fatigue la vue par ses reflets; surtout il ne se conserve pas.

L'invention récente de la «rotocalcographie» permet, par l'intermédiaire d'un cylindre de caoutchouc, de tirer les illustrations photomécaniques sur les papiers vergés ou grenus, plus beaux & plus durables.

D'ailleurs, si l'on comprend qu'on ait dû rechercher l'économie du papier pour des publications éphémères à fort tirage telles que les journaux, c'est une erreur de se priver de beau papier pour des éditions soignées à tirage normal.

L'emploi du plus beau papier, tel que le vergé d'Arches, sur lequel sont imprimées ces lignes, représente moins de 20 p. 100 de la dépense d'établissement du livre, pour un tirage à 3.000 exemplaires; il n'atteindrait pas 10 p. 100 pour un tirage limité à 1.000 exemplaires.

Si l'on voulait rechercher des économies dans la fabrication & la mise en œuvre du papier, il serait judicieux de suivre les vœux émis par les Congrès du Livre en 1917 & en 1921 : unification des formats, des poids, des types de pliure.

Les formats seraient réduits à trois types : 74×94 & 80×110 pour les livres de littérature générale, les classiques & les livres populaires; 70×100 pour les revues littéraires & les magazines. A ces formats correspondraient des qualités & des poids normaux au mètre carré. Les types de pliure seraient l'in-16 & l'in-18, exceptionnellement l'in-12.

Si ces projets étaient mis à exécution, les problèmes du brochage, du cartonnage & de la reliure seraient simplifiés; il serait possible, en effet, de développer l'usage des plieuses mécaniques & de toutes les machines à assembler, à couvrir les volumes brochés, à emboîter les livres, que l'on réserve actuellement aux travaux en grande série.

LES CARACTÈRES
ET LES ORNEMENTS TYPOGRAPHIQUES.

Si l'emploi d'un beau papier est la première condition d'un beau livre, il semble qu'une typographie artistique puisse se suffire à elle-même & se passer du concours de l'illustrateur.

Au point de vue mental, les mots, selon la forme des signes qui les composent, ont une valeur de suggestion indépendante de leur valeur lexicologique. Si, à la suite d'une lecture, nous gardons, avec le souvenir de l'idée exprimée, celui du mode d'expression, inversement telle catégorie de caractères nous rappelle les idées que nous avons précédemment vues exprimées dans des caractères identiques.

Au point de vue plastique, le dessin des lettres n'a pas une moins grande importance. Dans l'harmonie des noirs & des blancs, il n'y a pas d'absolu. Si l'on regarde les cartes à jouer, les trèfles paraissent gris par rapport aux piques bien que tirés avec la même encre, parce que ceux-ci sont d'un noir massif tandis que ceux-là sont dentelés & pénétrés de blanc. Une lettre d'imprimerie est donc d'autant plus noire & veloutée que ses pleins sont plus gras & ses déliés plus rares.

D'autre part, à l'inverse des manuscrits les plus soignés & des inscriptions les plus belles, dont les mêmes lettres présentent des variantes parfois insaisissables à un œil peu exercé, la régularité est la loi fondamentale d'une typographie correcte.

Il faut commencer par créer un type, c'est-à-dire par dessiner un alphabet dont la physionomie propre résulte, non pas d'accidents graphiques, mais de formes essentielles. «La création du type est une œuvre scientifique», a justement écrit M. Christian, Directeur de l'Imprimerie Nationale. Le type arrêté, il faut concilier le dessin avec les exigences de la typographie, c'est-à-dire «donner à toutes les lettres la même inclinaison & les ramener à deux ou trois dimensions, afin d'éviter les chevauchements & de conserver la régularité d'esprit qui fait la ligne». La détermination de la ligne médiane ou «œil» du caractère, celle du rapport de l'œil avec le «corps», c'est-à-dire avec la hauteur totale, celle des pleins & des déliés, qui indiquent la «graisse» du caractère, sont autant de points délicats. Lorsque le dessin est définitivement arrêté, il n'est pas moins minutieux de graver le poinçon avec lequel on frappe la matrice qui sert à la fonte de la lettre.

Les dessinateurs de caractères ont pris tout d'abord leurs modèles dans les écritures manuscrites, dont la typographie n'était que la reproduction systématique, d'aucuns prétendent même frauduleuse. Les pays de langue allemande sont restés fidèles à ces caractères gothiques.

Mais à part les caractères russes, d'origine grecque, & les caractères orientaux, les lettres d'imprimerie sont, depuis le xvie siècle, d'inspiration latine. Les caractères cursifs, imitant les écritures manuscrites penchées & déliées, sont surtout l'italique, dessinée à Venise par Alde Manuce en 1500 & l'anglaise qui date de 1805. La ronde & la bâtarde, qui datent de 1640, ne servent plus guère que pour les travaux de ville. Ce sont les lettres romaines droites, de lisibilité aisée, de construction facile, dérivant à l'origine de la ligne droite & de la circonférence, qui se sont répandues dans le monde entier.

Les caractères romains, apparus avec Jenson dès 1465, époque où les imprimeurs de Mayence s'étaient réfugiés en Italie, furent l'objet d'études approfondies de la part d'artistes tels qu'Albert Dürer & Geoffroy Tory. Nul, mieux qu'Albert Dürer, n'a précisé les proportions esthétiques des lettres & les règles géométriques qui les régissent; les planches gravées de ses alphabets indiquent les carrés enveloppant la forme, les centres servant à tracer les «obits» & les «empattements» qui terminent les lettres; suivant une tradition analogue, on dessine aujourd'hui encore les lettres sur du papier quadrillé pour en établir les proportions exactes.

Les caractères romains prirent leur pleine extension grâce aux poinçons commandés, en 1540, par Robert Estienne à Garamond pour François Ier. «Le garamond, a écrit M. Marius Audin, n'est autre chose que la première & la plus pure expression de l'elzévir, ce magnifique caractère auquel la dynastie des Elzévir doit son lustre.»

Jusqu'à la fin du xviie siècle, les types créés à Paris par Grandjean, puis par Fournier le Jeune, à Birmingham par Baskerville, à Parme par Bodoni, sont dérivés du romain primitif.

Le xixe siècle a vu d'abord les magnifiques inventions des Didot; la particularité du «Didot» consiste dans l'opposition entre la graisse des pleins & l'extrême gracilité des déliés.

Avec le romantisme vint l'infinie diversité des caractères de fantaisie, dont les pleins sont blanchis, azurés, pointillés, les empattements bifurqués; ce sont là des singularités condamnées, mais qui, notamment pour la composition des titres, ont inauguré un genre, sinon un style.

Le retour aux caractères traditionnels fut marqué par Marcellin Legrand, Raçon, Plon, Perrin, Motteroz.

Le caractère créé en 1898 par Eugène Grasset pour la Fonderie Peignot partait d'un principe tout nouveau. Grasset attaque & termine ses lettres par un simple trait de calame, roseau à large bec, sans aucun retour à l'intérieur des lettres, modifiant ainsi les obits & les empattements symétriques des capitales romaines. Son caractère se rapproche par ailleurs d'un elzévir gras.

Aujourd'hui, ce n'est pas seulement dans la proportion générale des lettres, dans le rapport des pleins aux déliés, dans le tracé des obits & des empattements pour les majuscules, des «hastes» & des «queues» pour les minuscules, qu'on a cherché la nouveauté. On a modifié la physionomie même des lettres, les hauteurs ou les largeurs relatives de leurs différents éléments.

Pour apprécier l'effort moderne, qui pourrait paraître restreint, eu égard au petit nombre des nouveaux alphabets créés, il faut songer que la réalisation d'une famille de lettres complète, avec toute l'échelle des corps qui va pratiquement du corps 6 au corps 60 pour les caractères courants du livre, avec les diverses catégories de caractères droits, italiques & gras, avec les capitales & les bas de casse, représente l'étude de 5.000 poinçons & exige du fondeur des avances considérables.

Le complément du caractère est l'ornement typographique.

Les manuscrits anciens étaient ornés de riches initiales, de somptueux encadrements enluminés. Le livre typographique conserva la tradition & s'orna de lettres gravées sur bois, imprimées en noir ou en rouge. Les vieux livres italiens & ceux de Geoffroy Tory sont réputés pour la beauté de leurs encadrements; d'autres, plus simples, pour la netteté de leurs filets rouges qui délimitent le texte.

Les livres du XVIIIe siècle ne furent pas seulement ornés, en tête ou en fin de chapitre, de bandeaux ou de culs-de-lampe, gravés sur bois ou sur cuivre; plusieurs typographes créèrent des jeux entiers de vignettes typographiques qui pouvaient s'assembler de manières multiples & qui, par leurs combinaisons, permettaient de varier à l'infini le décor des titres & des pages.

Vers 1750, Louis Luce, Fournier le Jeune composaient toute une série de vignettes de ce genre, fleurons, trophées, filets, cadres & cartels, qui eurent un succès considérable & mainte imitation.

L'imagination romantique modifia ces ornements selon une formule de décor gothique dit «à la cathédrale», qui fut alors en faveur. Ces petits éléments mobiles, principalement destinés aux titres, sont voisins des fers employés dans la décoration des reliures.

La renaissance des arts typographiques français vers 1900 fut féconde dans la production de ce décor. Nombreux sont les livres de cette époque dont les titres & les pages sont enrichis par des lianes entortillées de fleurettes & de figures influencées par le préraphaélisme anglais.

D'autre part, Grasset a créé, notamment pour accompagner le caractère «Della Robbia», desornements typographiques inspirés directement de la végétation française. Le caractère qu'il dessina lui-même fut également accompagné de lettres ornées & de filets-blocs, composés par Maurice de Lambert.

Tous les dessinateurs modernes se sont appliqués, avec une charmante fantaisie, à ces ornements qui, fatalement, restent des passepartout & se vulgarisent vite.

Il ne faut pas les confondre avec les belles vignettes que nos meilleurs illustrateurs ont créées spécialement pour un livre déterminé & qui rentrent dans une tout autre catégorie du décor livresque.

LA COMPOSITION. — L'IMPOSITION. — L'ENCRAGE. L'IMPRESSION.

La composition d'une page est l'art d'équilibrer des masses noires sur un fond blanc.

Pour créer des proportions heureuses entre le texte & les marges, il y a lieu d'approprier au format du papier la «justification», c'est-à-dire la longueur & le nombre des lignes. Généralement le blanc de tête est plus étroit que le blanc de pied & le blanc de fond, celui qui touche à la ligature, plus étroit que le blanc de marge.

Au double point de vue esthétique & optique, pour ne pas fatiguer l'œil du lecteur, il faut choisir des caractères qui ne soient ni trop petits ni trop maigres; il faut aussi subordonner les intervalles & les interlignes à l'importance & à la forme des lettres, pour éviter qu'elles ne dansent ou ne gênent les lettres voisines.

Dans le même but, un certain nombre de conventions de métier règlent la coupure des lettres en fin de ligne ainsi que les moyens d'obvier aux lézardes que peut créer un alignement fortuit de blancs dans la suite de plusieurs lignes.

Certains éditeurs se sont préoccupés de la disposition des lignes incomplètes en fin de paragraphe. Faut-il les mettre dans l'axe de la page, combler les blancs par des vignettes, remplacer la mise à la ligne par l'insertion d'une vignette grasse ? Autant de petits problèmes qui exercent, depuis cinq siècles, le goût des meilleurs typographes.

La composition des titres demande un soin particulier. Selon le caractère du livre, selon la mode régnante, le titre est simple ou chargé : il est purement typographique ou s'agrémente d'encadrements, de vignettes, d'une figurine constituant la marque de l'éditeur.

Tantôt chaque ligne d'un titre est de la même famille de lettres que la suivante, selon une échelle de corps croissante ou décroissante ; tantôt, comme au temps du romantisme, toutes les lignes sont de familles différentes, donnant ainsi à la page du titre l'apparence d'une carte d'échantillons. Dans ce domaine la fantaisie & la mode sont reines.

Le goût d'homogénéité qui, à notre époque, constitue la règle, exige que toutes les lettres d'un ouvrage, y compris celles du titre, soient de la même famille. Comme dans les autres branches de l'art décoratif moderne règne ici le besoin de la netteté & de la simplicité.

Pendant des siècles, les caractères ont été levés, signe par signe, dans les compartiments de la casse, puis alignés sur le composteur, espacés selon les besoins de la justification, pour être redistribués un par un dans la casse en fin de tirage.

C'est là un procédé lent, qui nécessite un approvisionnement considérable des diverses familles de caractères. En cours d'exécution un accident, une maladresse peuvent compromettre une composition minutieusement préparée. Finalement les caractères s'usent & l'impression devient moins lisible.

Pour éviter ces inconvénients, pour maintenir intacte la correction de textes qui doivent rester longtemps composés en vue de leur réimpression éventuelle, pour multiplier aussi le nombre des compositions réalisées initialement en caractères mobiles & pouvoir tirer simultanément le même texte sur plusieurs presses, on a recours à la «stéréotypie» ou «clichage». C'est Didot qui, au début du siècle dernier, inventa ce procédé en frappant dans un bloc de plomb une page composée en caractères mobiles durs, puis en coulant dans ce moule le mélange habituel. On a utilisé également la galvanoplastie. Aujourd'hui le procédé de clichage des journaux consiste à prendre l'empreinte de la forme avec un flan de carton mou qu'on sèche avant d'y verser le métal.

Les inconvénients de la composition à la main ont incité les imprimeurs à employer des moyens mécaniques. Des essais nombreux faits depuis un siècle ont conduit à l'adoption de deux sortes de machines, toutes deux inventées en Amérique, la «monotype» & la «linotype», qui, automatiquement, composent, espacent, justifient & fondent les caractères; dans la linotype, les matrices reprennent même leurs places dans leurs cases de départ. Mais de telles machines ne sauraient remplacer le goût & la fantaisie du typographe, indispensables au beau livre.

Après avoir « imposé » les pages, c'est-à-dire les avoir distribuées, en tenant compte de la pagination, dans une forme métallique, il reste à faire passer cette forme sous la presse.

Au travail manuel du «coup de barreau» qui, pendant quatre siècles, actionna les presses en bois, l'application de la vapeur a permis de substituer les presses mécaniques à cylindre : elles impriment « en blanc », c'est-à-dire d'un seul côté, ou «à retiration», c'est-à-dire sur le recto & le verso. Les presses rotatives, fabriquées en France par Marinoni, utilisent des clichés cylindriques permettant d'éditer à une vitesse horaire décuplée les journaux & les livres à gros tirage.

Bien que cette partie du travail soit devenue mécanique, la mise en train reste une opération minutieuse si l'on veut obtenir un bon foulage.

Il n'est pas jusqu'à l'encrage qui ne joue, lui aussi, un rôle dans la beauté du livre.

Depuis Gutenberg, le noir de fumée, l'huile réduite à consistance de vernis & l'essence de térébenthine forment les éléments de l'encre noire. Autrefois on usait constamment d'encres de couleur; les impressions en noir & en vermillon, imaginées pour la plupart des titres jusqu'à la fin du XVIIIe siècle, ont produit des chefs-d'œuvre.

Les éditeurs modernes ont renoué avec cette tradition : ils tirent des effets nouveaux d'encres de couleurs variées; pour l'encre d'or, une poudre métallique, répandue sur la feuille, adhère au mordant qui a servi à l'impression.

L'ILLUSTRATION.

Il n'est pas indispensable d'illustrer un livre pour en faire une œuvre d'art : un bon papier, une typographie nette & franche, des caractères bien choisis, une mise en pages harmonieuse, un équilibre judicieux des noirs & des blancs peuvent suffire.

Un livre illustré n'est pas toujours une œuvre d'art : l'estampe a sa valeur propre, mais ne concourt au décor du livre que si elle s'intègre dans les autres éléments de ce décor.

Néanmoins, si le dessin a précédé l'écriture & si l'écriture idéographique a précédé l'écriture phonétique, c'est que l'image correspond à un besoin essentiel de l'esprit humain.

Tantôt l'illustration, synonyme d'enluminure, implique une idée décorative, ornementale : c'est ainsi que les grandes lettres marginales & les fleurons des manuscrits du Moyen Âge n'avaient souvent aucun rapport avec le texte.

Tantôt, au contraire, elle éclaircit, complète le texte ; elle représente ce que l'auteur n'a pu décrire avec des mots. Les « histoires » de jadis ne s'exprimaient-elles pas par des images ? L'idéal serait que l'auteur commentât lui-même son texte. Victor Hugo n'y manquait point.

Il s'ensuit que, plus une œuvre est abstraite, plus il est difficile de lui associer une illustration. Il est évidemment plus aisé d'illustrer la *Bible,* les *Contes des Mille & une Nuits* ou les *Fables* de La Fontaine que les *Pensées* de Pascal. Aussi paraît-il moins paradoxal que les artistes les plus modernes aient tendance à illustrer les plus anciennes légendes.

Un autre paradoxe est moins explicable : bien que, depuis son origine, l'imprimerie soit le moyen mécanique d'imiter & de multiplier les manuscrits, bien que l'artiste & l'industriel s'unissent toujours plus intimement pour développer par la machine toute la production artistique, il subsiste, pour l'illustration du livre, une prévention contre les procédés photomécaniques.

Que le travail manuel de gravure au burin exige des mois de travail, que le livre soit, par suite, plus cher & plus rare, l'art demeure étranger à des raisons de cet ordre. Qu'importe qu'un dessin de Forain ou de Naudin soit reproduit photographiquement, puis gravé chimiquement, si la reproduction est fidèle ? N'est-ce pas un procédé au moins égal à l'interprétation par le burin, par l'échoppe d'un graveur qui déforme fatalement l'idée & le trait du dessinateur puisque son mode d'écriture est tout à fait différent ?

Le bon marché des collections éditées par Fayard ou par Ferenczi diminue-t-il la beauté réelle de ces livres illustrés par des artistes qui savent à la fois créer leurs compositions & les graver sur bois ?

Il est également vain de se refuser à la polychromie sous prétexte que, seul, le noir est noble. Aux belles époques le goût n'était pas aussi exclusif & l'on ne saurait se priver des procédés parfaits qui ont été trouvés de notre temps pour l'exécution des estampes en couleurs.

L'émotion artistique naît à son gré; elle est étrangère aux théories fondées sur le souvenir du passé. Sans doute des eaux-fortes, des bois originaux seront toujours supérieurs à leur reproduction mécanique; mais lorsque la pensée de l'artiste créateur doit subir une interprétation, une transposition, les reproductions photomécaniques peuvent avoir une esthétique absolue.

Ce qui importe, c'est que le livre illustré forme un ensemble décoratif homogène; comme dans toute œuvre d'art, c'est surtout une question de composition; c'est aussi une question de technique, que les procédés employés soient manuels ou mécaniques.

Parmi les trois types généraux auxquels se ramènent ces procédés, & que caractérisent la gravure sur bois en taille d'épargne, la gravure sur cuivre en taille-douce & la lithographie, le premier convient peut-être mieux que tous les autres.

Dans la gravure sur bois, mère de la typographie, le papier prend l'encre sur les parties épargnées, c'est-à-dire non creusées, comme il la prend sur les saillies des caractères mobiles. Au double point de vue artistique & technique, il y a homogénéité absolue entre l'illustration & la typographie. C'est ce qui a fait la beauté inégalée des premiers livres du xve & du xvie siècle.

La gravure sur bois a sa véritable expression lorsqu'elle ne s'écarte pas de sa technique typographique, trait & à plat. De nos jours, elle a souvent atteint la perfection, lorsque le graveur était en même temps l'auteur de la composition originale.

Moins proche de la technique est la recherche des tons dégradés, au moyen des tailles formant des hachures diverses, continues ou pointillées, plus ou moins serrées, plus ou moins épaisses.

Au lent travail de gravure à la main, François Gillot a trouvé, en 1850, le moyen de substituer un procédé chimique. La «zincogravure» met en saillie, au moyen d'une morsure à l'acide, le report d'un dessin au trait, fait à l'encre grasse sur une plaque de zinc.

L'application de la photographie à la zincogravure était aisément réalisable. Il était plus difficile de reproduire, non seulement les traits, mais aussi les modelés. C'est le rôle de la «similigravure», industrialisée par Gillot dès 1886 : l'interposition d'une trame quadrillée transforme les modelés continus de l'original en une infinité de points isolés, plus ou moins épais selon que le ton initial est plus ou moins foncé.

La similigravure en couleurs est obtenue par les procédés de «trichromie» : trois clichés photographiques, sélectionnant chacun une des trois couleurs fondamentales, rouge, jaune, bleu, servent à graver trois planches, qu'on enduit des encres correspondantes; la superposition des trois tirages recompose les teintes.

Dans la taille-douce, le papier rencontre l'encre dans les parties creusées, taillées en une plaque de métal dont le champ reste net, essuyé après l'encrage.

Le tirage de la taille-douce exige, par suite, une pression qui détermine, tout autour de la planche, un creux dans le papier.

On sait la variété des procédés de la taille-douce : le «burin»; la «pointe sèche»; l'«eau-forte» qui remplace le burin par l'acide, la planche étant d'abord vernie; le «vernis mou» qui permet d'employer pour le dessin un crayon au lieu d'une pointe; le «mezzo-tinte», l'«aquatinte» où l'on grène préalablement la planche.

Tous ont, pour l'illustration du livre, le défaut de produire des œuvres sans aucune parenté avec les caractères typographiques. S'ils peuvent convenir pour des planches hors-texte, ils sont difficiles à employer dans le texte, à cause du creux déterminé par la pression du tirage.

L'«héliogravure» a substitué au travail de l'aquafortiste le cliché photographique; la traduction des modelés continus, primitivement faite au grain de résine, est aujourd'hui obtenue plus rapidement & plus régulièrement par l'interposition d'une trame, comme dans la similigravure.

L'adaptation des machines rotatives à l'héliogravure a été réalisée, il y a quelques années seulement, par la «rotogravure». Le procédé Mertens consiste à graver un cylindre en cuivre couvert d'une couche sensible; pour les planches qui illustrent ce Rapport Général, le report est fait à l'aide de papier au charbon. Le cylindre, gravé en creux, est enduit d'une encre très liquide; l'essuyage est effectué par une raclette.

On a appliqué la polychromie à la gravure en creux.

Dans le procédé de la « poupée », l'artiste, se servant de petits tampons, juxtapose sur une planche unique tous les tons de l'original : ce fut le procédé de Janinet & de Debucourt. On peut aussi analyser toutes les couleurs de l'original, graver autant de planches qu'on a distingué de nuances & arriver ainsi à la juxtaposition des tons exacts : c'est là un travail infiniment long & minutieux. Enfin, par la trichromie, on peut, au moyen de planches différentes, superposer les trois couleurs primaires. Les procédés trichromes ont été adaptés à la rotogravure.

La gravure en relief & en creux existait depuis plusieurs siècles, lorsqu'à la fin du XVIIIe Senefelder, de Prague, inventa la «lithographie»: sans relief ni creux, on reproduit un dessin tracé sur pierre à l'encre ou au crayon gras, en mouillant la pierre avant l'encrage, qui se limite aux parties graissées par le contact de l'encre ou du crayon.

L'«autographie» permet de dessiner à l'endroit sur un papier spécial qu'on reporte sur la pierre.

La «phototypie», imaginée par Poitevin en 1855 sous le nom de «photolithographie», est l'adaptation de la photographie à la lithographie : elle utilise la propriété que possède une couche de gélatine bichromatée de devenir insoluble dans les parties atteintes par la lumière tandis que celles qui ne reçoivent pas de lumière restent solubles & perméables. On obtient ainsi, par la seule interposition d'un cliché photographique, sans trame ni grain de résine, une planche d'impression qui a les mêmes qualités que la planche lithographique préparée, mais présente l'inconvénient d'une usure rapide.

La planche de zinc est susceptible de remplacer la pierre pour l'impression lithographique. L'encrage indirect du papier par l'intermédiaire d'un rouleau de caoutchouc a été l'origine de la «rotocalcographie», invention française : depuis une dizaine d'années les machines «rotocalco», ou «offset» en anglais, ont complètement transformé l'aspect du livre illustré en rendant possible le tirage sur des papiers autres que les papiers couchés.

La «chromolithographie», mise au point par Engelmann & Lemercier, permet d'exécuter au moyen de plusieurs pierres toutes les reproductions polychromes. Les procédés photochromiques sont d'ailleurs appliqués à la lithographie.

Pour l'esthétique du livre, la lithographie est d'une apparence assez lourde qui convient mieux à l'estampe & surtout aux vastes dimensions de l'affiche. Au point de vue technique, elle ne s'allie pas mieux à l'impression typographique.

A côté de tous les procédés polychromes issus de la mécanique & de la chimie photographique, la polychromie au «pochoir» ou au «patron», qui est le plus ancien, est encore celui qui, amené à un rare degré de perfection par des artistes modernes, donne les résultats les plus satisfaisants.

Ce procédé, qui consiste à juxtaposer les couleurs sur une feuille de papier au moyen d'une brosse, à travers les ouvertures ménagées dans des patrons, a servi naguère à créer l'imagerie d'Épinal.

Aujourd'hui, il est employé pour des livres de haut luxe; parallèlement l'invention récente du coloriage mécanique au pochoir est appliquée aux journaux de mode & à toutes les publications polychromes à grand tirage.

LE BROCHAGE. — LE CARTONNAGE.
LA RELIURE.

Après le tirage & le séchage des feuilles, après leur assemblage qui consiste à les poser l'une sur l'autre en suivant les « signatures », la plieuse prépare le travail de la brocheuse qui collationne les feuilles pliées, puis met la garde, feuillet replié qui assure l'adhérence de la couverture; avec une aiguille courbe elle fait, entre les feuilles, le point de chaînette qui donne à l'ouvrage sa solidité.

Toutes ces opérations n'exigent que du soin, mais en exigent beaucoup pour que l'ouvrage se présente bien, avec des marges égales d'une page à l'autre. Les machines à plier & à coudre, les brocheuses mécaniques, se substituent peu à peu au travail manuel.

La couverture est collée sur le dos du volume ainsi constitué. Par les moyens les plus simples, grain & ton du papier, impression à la planche, choix & disposition des caractères du titre, elle peut compléter l'aspect artistique de l'ensemble.

La reliure est le vêtement du livre. Elle répond à la nécessité de protéger un assemblage fragile de feuilles de papier, dont le brochage comme les coins souffre des chocs & des contacts, & qui doit être resserré pour éviter la destruction par l'air ou par la poussière.

Les opérations du cartonnage sont celles qui précèdent la reliure. On présente bien des livres, surtout de grand format, dans des encartages artistiques, dans des emboîtages dont les plats ne tiennent que par le collage des gardes. Moins sommaires, les cartonnages Bradel comportent le débrochage & le « grecquage » du livre, mais ils n'assurent pas le parfait assemblage des plats avec les ficelles auxquelles sont cousus les cahiers ; au lieu d'être effilochées & passées dans les plats, les ficelles sont simplement prises entre les plats & les gardes.

Pour cartonner ou relier un livre, il faut le débrocher, puis le « battre » sous la presse, poser les onglets, s'il y a des planches horstexte. Le livre peut présenter ou non des nerfs saillants. Dans le premier cas le dos est placé contre les ficelles tendues sur le « cousoir » à un espacement déterminé ; dans le second cas, on « grecque » le livre, c'està-dire qu'on entaille le dos pour y loger les ficelles. C'est sur les ficelles que sont cousus les milieux des cahiers. Une opération délicate est celle de l'« endossage », qui consiste à arrondir le dos & à obtenir le « mors » ou saillie que le long côté forme sur les plats. Puis il faut placer les plats, y insérer les ficelles, ébarber ou rogner la tranche à la « presse à rogner », poser en tête & en queue la « tranchefile », enrichie de soie, coller sur le dos la « carte », consolider les « coins » avec des morceaux de parchemin. De toute cette architecture préalable dépend la perfection définitive de l'œuvre du relieur.

Si la reliure est un vêtement, elle est aussi une façade ; elle doit s'accorder avec le format & le poids du livre. Œuvre d'art par ses arabesques ou par sa couleur, elle doit, au moyen de sa matière & de son décor, faire pressentir le caractère de l'ouvrage & s'harmoniser avec lui.

Le temps n'est plus où les livres étaient principalement les psautiers, les évangiles qui, posés sur les autels ou les lutrins, pouvaient sans inconvénient comporter un décor, même saillant, sur les plats. Lorsque la diffusion des livres obligea de les serrer à l'intérieur de rayonnages, leur décoration principale·dut être rejetée sur le dos qui portait le titre & la nécessité s'imposa de plats rigoureusement lisses. Si aujourd'hui réapparaît l'ornementation des plats extérieurs & intérieurs, des gardes & des doubles gardes, c'est pour le livre de luxe, devenu un objet de vitrine.

La matière fondamentale de la reliure est le cuir, maroquin, chagrin, vélin, parchemin, dont différents traitements modifient les aspects. Par économie, la toile & le papier sont souvent substitués au cuir.

La décoration de la reliure s'obtient d'abord par le choix de la matière & de sa coloration. Elle résulte aussi d'une ornementation linéaire ou d'une marqueterie de cuirs aux tons divers. L'ornementation graphique varie à l'infini grâce à l'emploi des filets droits ou courbes, des roulettes, des «fers», instruments de cuivre qui impriment à chaud des éléments de décor que l'or enrichit.

Pour les reliures en série, certains relieurs & éditeurs font graver des fers spéciaux qui sont des plaques de cuivre ou de zinc, dont le dessin s'imprime au balancier sur le cuir ou sur la toile.

Ce procédé a été fréquemment employé dans la période romantique, notamment pour les décors gothiques « à la cathédrale ». Il a été utilisé par les maisons d'édition pour les livres de distributions de prix & d'étrennes, pour les dictionnaires & les grandes collections.

Chacun se rappelle les livres de toile rouge de la Librairie Hachette, décorés au balancier d'après les plaques dessinées par Rossigneux. Plus près de nous, Hachette, Larousse, Colin, Delagrave, Plon, Engel, ont commandé à des artistes tels que Grasset, Auriol, Giraldon, des motifs décoratifs pour les plats de reliure de leurs ouvrages.

La marqueterie, improprement appelée mosaïque de cuirs, a été en grande faveur pendant la Renaissance : elle consiste à enlever l'épiderme du cuir selon un plan déterminé & à lui en substituer un autre d'une couleur différente; il est collé & ses bords sont sertis au filet. Ce travail minutieux a retrouvé sa vogue depuis un demi-siècle, grâce surtout à Marius Michel.

D'autres artistes ont rénové les anciennes méthodes de travail des cuirs gaufrés, martelés, repoussés, teintés, dorés ou peints, & même incisés de matériaux différents.

Les grands relieurs ne s'attachent qu'à la pièce rare, au livre unique; c'est vers lui que se concentrent leurs recherches & les ressources si variées de leur art.

Il est désirable qu'un effort soit tenté pour renouveler selon l'esprit décoratif moderne le goût des reliures industrielles pour lesquelles on dispose aujourd'hui d'un outillage mécanique perfectionné. A cet égard, les cartonnages entoilés, dont sont généralement revêtus les livres anglais, suédois, tchécoslovaques, méritent, par leur élégance, de retenir l'attention.

L'EDITION. — LA LIBRAIRIE.

Papier, format, justification, caractères, disposition des titres, des chapitres & des notes, couleur des encres, importance, emplacement, technique & genre des illustrations, tels sont les éléments divers dont la bonne ordonnance peut réaliser à la fois une œuvre d'art, de commerce, de propagande.

Avant l'imprimerie, les ordonnateurs du livre étaient les artistes, calligraphes & enlumineurs; les libraires étaient plutôt des intermédiaires entre le copiste & l'acheteur que des commerçants directs.

Puis le rôle d'ordonnateur du livre fut tenu par un homme de métier, typographe & graveur sur bois comme Pigouchet, calligraphe, imprimeur, enlumineur comme Vérard; tous deux d'ailleurs étaient, en même temps, libraires.

Antoine Vérard paraît être le plus illustre ancêtre des éditeurs & des libraires; éditeur, il imaginait de tirer sur vélin quelques exemplaires de luxe de chaque livre publié chez lui & confiait à des peintres de valeur le soin de les orner de miniatures; libraire, il ne craignait pas de rechercher lui-même les riches amateurs de ces ouvrages spéciaux.

Plantin était encore un imprimeur & l'on sait la part qu'il prit à l'évolution du livre, en donnant le pas à la gravure en creux sur la gravure en taille d'épargne.

Au xviiie siècle s'accentuait la séparation des métiers. S'il y avait encore des imprimeurs-éditeurs, d'autre part croissait le nombre des libraires spécialisés dans la vente des livres.

Dès le xviie siècle, la division du travail était complète &, dans le monde du livre, Bouchot remarque que «les dessinateurs & les graveurs, pour estimée que fût leur collaboration, n'étaient point les plus honorés. Au contraire d'eux, les libraires sont devenus de gros personnages.» Il n'est pas certain que cet état de choses n'ait pas été le prélude de la décadence du livre.

La renaissance moderne de l'art du livre tient précisément aux préoccupations artistiques & techniques de composition qui caractérisent toute la production actuelle des industries d'art; le désir de former le goût des clients au lieu de le suivre n'exclut pas de légitimes préoccupations commerciales.

Faire du livre un ensemble harmonieux, en accorder les éléments, exigent une compétence artistique; pour ce rôle la présence d'un artiste s'impose autant que pour les illustrations, dont souvent on peut se passer. L'illustration n'a pas, dans l'œuvre collective, une part plus importante que celle du dessinateur de caractères ou de l'imprimeur, mais l'architecte du livre est vraiment le maître de l'œuvre.

Aussi, dans l'édition moderne, des artistes graveurs ou relieurs deviennent les ordonnateurs du livre. Sans doute est-il plus normal que le libraire-éditeur soit, suivant l'expression de M. Ch. Saunier, «le lettré & l'artiste qui coordonnera l'effort de ses collaborateurs, comme le chef d'orchestre accorde cuivres & violons». Mais si l'éditeur, absorbé par ses préoccupations industrielles & commerciales, ne peut pas assumer ce rôle, il est alors souhaitable qu'il le confie à un artiste.

C'est d'ailleurs une vérité reconnue aujourd'hui. La direction artistique des offices publicitaires a donné un charme délicat, une fantaisie imprévue, à une industrie qui aurait conservé le caractère grossier de la réclame utilitaire & brutale.

Ainsi l'art reprend, dans la composition du livre, son rôle initial; malgré des conditions toutes différentes, mais grâce à des moyens infiniment plus variés, il apporte aux éditions modernes les mêmes qualités décoratives que présentent les livres anciens.

SECTION FRANÇAISE

SECTION FRANÇAISE.

Toutes les techniques qui concourent à mettre en valeur la création littéraire étaient réunies dans un pavillon spécial, construit par Paul Huillard & aménagé par Tony Selmersheim. La Bibliothèque formait, avec le Théâtre, l'encadrement symétrique de la Cour des Métiers, qui constituait le centre intellectuel de l'Exposition, de même que le Grand Palais était le centre des industries de luxe.

La place d'honneur attribuée aux arts & aux industries graphiques correspondait à leur rôle dans l'économie nationale. Nos exportations en livres, journaux, gravures & imprimés divers, représentaient en effet, pour l'année 1924, une valeur de 523 millions de francs, soit près de neuf fois celle des importations, qui s'élevait à 60 millions.

Malgré les oppositions de tendances, de tempéraments, l'esprit moderne faisait l'harmonie de la Section française. L'ensemble offrait d'ailleurs une grande variété : à côté de la géométrie blanche & noire des doubles pages ouvertes, les reliures jetaient leur note éclatante.

Le Jury International rendit hommage à ce magnifique effort en décernant 24 Grands Prix. Bien que ce chiffre paraisse imposant, il y a lieu de remarquer que certains des collaborateurs, principalement des illustrateurs, dont les noms auraient pu être retenus en même temps que ceux des éditeurs auxquels ils avaient apporté leur concours, ne sont pas mentionnés au palmarès.

D'autre part, le plus grand nombre des fabricants de papiers & d'encres, à qui une place spéciale était réservée dans le Groupe de l'Enseignement, ne figuraient pas nominalement dans cette synthèse du beau livre, & c'est à la Classe 35 qu'ils obtinrent leurs principales récompenses. Ils n'en étaient pas moins présents de fait, puisque les ouvrages exposés à la Bibliothèque devaient une large part de leur attrait à la qualité des papiers & à l'effet des encrages.

Le Grand Prix qui fut décerné aux Papeteries d'Arches consacra leur rôle dans la renaissance actuelle. Si l'on était tenté de l'oublier, il suffirait de se rappeler ce que sont devenues tant d'éditions du xixᵉ siècle, aux papiers jaunis, piqués, traversés par l'encre d'impression.

« Les tendances nouvelles ne manquent pas, écrit M. R. Escholier. Le papier pur fil Lafuma rencontre aujourd'hui une faveur très méritée & quant au Madagascar, créé par la maison Lafuma-Navarre, il apparaît comme le mieux indiqué pour certains grands ouvrages documentaires. Notons aussi que, depuis les désastres dont a tant souffert l'Empire du Soleil Levant, le Chine, trop délaissé, tend à remplacer le Japon Impérial. »

LES FONDEURS DE CARACTÈRES.

Le progrès accompli par la fonderie typographique française depuis la fin du siècle dernier montre tout ce qu'on peut attendre de l'association des artistes & des industriels, tels Auriol & Naudin collaborant avec Peignot & Deberny.

C'est à George Auriol, talent délicat & spirituel, que la Fonderie Peignot, encouragée par le succès récent du « Grasset », avait confié le dessin d'un nouveau caractère.

L'« Auriol labeur », fondu en 1902, fut employé en 1904 par les Cent Bibliophiles pour *A Rebours*. Son allure élancée, ses lignes rompues évoquent le trait de pinceau des calligraphes de l'Extrême-Orient. D'après ce type, Auriol créa ensuite la « française légère », plus mince, qui servit à l'impression de *L'Orgie latine* en 1903 & de *La Canne de Jaspe* en 1905, puis la « française allongée », plus robuste, le « champlevé », enfin la série des « robur ».

Auriol ne s'est pas limité aux caractères typographiques. Il a imaginé de nombreux monogrammes, cachets, ex-libris, tels qu'on en voyait exposés à la Classe 15. *Le troisième Livre des Monogrammes,* gravé chez Gillot & imprimé par Kadar pour le libraire Floury, témoigne de son habileté à entrelacer les lettres pour en composer des chiffres ingénieux.

A côté des créations d'Auriol, la Fonderie Peignot réalisa aussi celles de Bellery Desfontaines qui, en 1910, dessina un caractère d'une aimable fantaisie.

Revenant au classique, les Peignot lançaient en 1912 & 1913 le « Nicolas-Cochin », caractère élégant auquel la hauteur des hastes donne un aspect singulier, & le «Cochin labeur», lettre harmonieuse créée d'après des planches gravées au xviiie siècle. Le «Nicolas-Cochin» a servi aux Cent Bibliophiles pour l'impression des *Opinions de Jérôme Coignard,* en 1913. Quant au «Cochin labeur», il est devenu d'un emploi courant.

De son côté, la Fonderie Deberny, l'ancienne fonderie de Balzac, qui, au milieu du xixe siècle, avait donné une intéressante série d'anciens «romains», poursuivait des recherches analogues. Le caractère dessiné par Giraldon en vue de la composition des *Églogues,* imprimées chez Plon & Nourrit en 1906, révélait un effort méritoire pour sortir de la routine. Parmi les succès récents de la Fonderie Deberny, il faut citer le type dit n° 18.

Les Fonderies Deberny & Peignot sont aujourd'hui réunies. Elles présentaient, en 1925, de nouvelles créations, auxquelles le Jury des Récompenses décerna un Grand Prix : le «caractère français dit de tradition», d'une grâce délicate, dessiné par Bernard Naudin, le «dorique», dû à Pichon & Carlègle, lettre sobre, bien équilibrée, dont les beaux noirs s'allient à merveille avec la xylographie, l'«astrée», d'une pureté classique, le «sphinx», inspiré d'un modèle du siècle dernier.

Ce ne sont pas là les seuls efforts accomplis en France pour renouveler la typographie, par l'invention de nouveaux types, par le rajeunissement des types anciens, ou par l'adaptation des types étrangers. Les elzévirs modernes des fonderies Renault & Turlot, la belle série gravée en 1904 par Hénaffe sur les planches de Jaugeon pour l'Imprimerie Nationale, les variétés françaises du «Della Robbia» & du «Cheltenham» constituent une gamme d'une extrême richesse.

LES IMPRIMEURS.

Le nom d'imprimeurs ne s'applique plus seulement aux typographes, mais aux praticiens de la taille-douce & de la lithographie, aux spécialistes des procédés photomécaniques d'illustration : similigravure, zincogravure, photolithographie, offset, rotogravure, trichromie.

Dans la composition typographique, il n'est pas toujours facile d'associer la lettre à l'esprit du texte. L'imprimeur & l'éditeur ne sauraient mieux faire que de suivre les conseils de Marius Audin : «Il serait assez malaisé d'assigner à chaque ouvrage un caractère déterminé, mais cette adaptation peut être fixée dans ses grandes lignes, aussi sûrement que les bibliophiles ont su imposer à leurs relieurs telles ou telles peaux pour tels ou tels livres. Avez-vous à faire imprimer un livre très sérieux, un ouvrage philosophique par exemple, adoptez le Didot, surtout le néo-Didot, malgré ses imperfections. Est-ce au contraire un conte plaisant, une nouvelle galante ou une poésie légère? Imposez à l'imprimeur un Grasset, un Auriol ou même un Giraldon. Pour un sujet XVIIIᵉ siècle, le Cochin, surtout le Nicolas-Cochin conviennent à merveille. Et si vous avez étudié un sujet plus ancien, n'hésitez point à adopter le Garamond ou bien l'un des types elzéviriens qui l'ont remplacé : Mayeur, Turlot ou Deberny. Un tirage de luxe, à condition que le sujet en soit grave, s'accommodera bien d'un Grandjean ou d'un Baskerville, même d'un beau Raçon. Mais si vous faites éditer un livre destiné à être lu, relu, un de ces livres qui s'imposent, dont le succès est sûr, songez aux yeux de vos lecteurs & prenez un Cheltenham, prenez surtout un Della Robbia.»

A cet égard, les œuvres présentées dans la Section française témoignaient de beaucoup de goût & de discernement. On n'y voyait pas de ces désaccords entre le sens & la typographie qui donnent la sensation de fausses notes. Peut-être la disposition de certains titres offrait-elle un aspect un peu désordonné. D'autres pastichaient agréablement les modes romantiques. Mais, dans l'ensemble, les livres exposés étaient aussi éloignés de l'incohérence que de l'imitation & révélaient une science avertie, satisfaisante à la fois pour la vue & pour l'esprit.

Certains imprimeurs ont recherché une expression moderne par la suppression des majuscules. On obtient ainsi une belle ligne, un texte bloqué, homogène, tels qu'en présentent les livres du XVᵉ siècle. Mais on crée une légère difficulté pour le déchiffrement; les débuts de phrases, les noms propres ne se détachent pas nettement. Entre ce principe & celui de la typographie allemande où l'initiale de tout substantif est majuscule, il y a place pour le maintien de nos habitudes, issues d'une longue expérience. Les textes sans majuscules semblent devoir être réservés à l'impression publicitaire.

L'Imprimerie Nationale met à la disposition de l'Édition française les beaux caractères qu'elle possède. Elle présentait des œuvres dignes de sa renommée, telles que *Les Fleurs du Mal,* éditées par A. Vollard, *Ce que disent nos Morts, Les Travaux & les Jours* suivis de *La Terre & l'Homme,* édités par Helleu & Sergent.

A l'Imprimerie de Vaugirard avait été confiée l'exécution du Catalogue Général de l'Exposition. Ses envois, ouvrages de luxe, gravures en trichromie, vignettes & timbres-poste, révélaient la variété de sa production & l'initiative artistique qui la distingue.

Les ouvrages somptueux de Coulouma, *Le Livre de la Jungle,* les *Pastorales de Théocrite, Architecture, L'Histoire merveilleuse de Christophe Colomb,* ceux aussi de Tolmer, *Madame de Luzy, La Tragédie de Macbeth,* séduisaient par leur harmonieux équilibre. On retrouvait la même élégance dans *La Provence,* imprimée en caractères Naudin par Ducros & Colas, *La Flamme au Poing, Paul & Virginie,* imprimés par Frazier-Soye, la Collection *Les Maîtres du Livre,* imprimée par Hérissey.

On goûtait particulièrement les impressions en couleurs de la maison Kapp, les présentations variées de Lahure, avec des bois en noir, en camaïeu & en polychromie, celles de l'Imprimerie de Malherbe, qui exposait, outre un remarquable *Germinal,* des gravures & des couvertures de revues. Les Frères Draeger donnent à l'imprimé publicitaire un aspect toujours original; leurs travaux témoignaient de leur fertilité inventive & de leurs parfaits tirages. Coquemer a imaginé d'ingénieuses impressions commerciales composées avec de beaux caractères gras Cochin ou Nicolas-Cochin, dépourvus de capitales.

Les nombreux procédés de reproduction dont dispose l'illustration contemporaine étaient représentés à la Classe 15 par les Anciens Établissements Gillot, la Société l'Héliogravure moderne, Léon Marotte, maître de l'héliotypie en couleurs, les Établissements Ruckert avec leurs impeccables fac-similés d'études de Degas.

Jean Saudé, auteur d'un *Traité d'Enluminure au Pochoir,* exposait, à côté de ses riches polychromies, l'outillage restreint dont il se sert. Des opérations qui exigent, outre une exacte analyse des couleurs du modèle, de l'expérience, de l'habileté, du goût, font de ce mode d'illustration un métier d'art, autant qu'une simple technique de reproduction.

Dans le procédé Saudé, on emploie une photographie de l'aquarelle à reproduire. On la tire très légèrement en teinte neutre, à autant d'épreuves qu'on veut avoir de couleurs. On analyse ensuite toutes les couleurs du modèle & l'on reporte au pinceau chacune d'elles à sa place sur ces épreuves ou feuilles de découpe; chaque feuille — leur nombre peut dépasser la trentaine — comporte uniquement l'indication d'une des couleurs. Ces feuilles sont ensuite tendues sur des plaquettes de cuivre ou de zinc & les parties peintes sont ajourées. Enfin chacune d'elles, après un repérage minutieux, passe sur la page à enluminer : la teinte d'aquarelle est déposée au moyen de brosses ou de tampons & l'on adoucit le dégradé s'il y a lieu.

L'enluminure au pochoir, ainsi qu'en témoignaient les œuvres exposées par Saudé, se prête aux exigences les plus subtiles de l'artiste. Elle est le complément naturel du livre de luxe à tirage restreint.

LES ILLUSTRATEURS.

Si notre époque a remis en honneur certains principes méconnus, certaines techniques délaissées, jamais cependant l'illustration du livre n'a été aussi affranchie des influences traditionnelles. Les artistes entendent affirmer leur personnalité dans ce qu'elle a de plus original, voire même de plus étrange, décrire la vie contemporaine par les moyens les plus expressifs. Ils s'efforcent de renouveler l'inspiration & le métier.

Ils satisfont d'autant plus aisément à ces tendances que ce sont des auteurs modernes qu'ils ont souvent à illustrer. Depuis une quinzaine d'années, l'esprit des bibliophiles & des éditeurs a changé. Naguère les honneurs de l'édition de luxe étaient, sauf de rares exceptions, réservés aux classiques anciens ou aux écrivains français des XVIIe & XVIIIe siècles. Les *Églogues* de Virgile, *La Nouvelle Héloïse*, les *Contes* de Voltaire, *Manon Lescaut, Paul & Virginie,* les romans de Marmontel, plus tard quelques ouvrages romantiques, *Werther, René,* constituaient les sujets obligatoires. On ne se hasardait guère au delà de *Dominique* & de *Madame Bovary.* Ce fut seulement avec Romagnol & Pelletan que le beau papier, les gravures cessèrent d'être un hommage posthume. Ils offrirent à la verve des créateurs d'images les œuvres d'Anatole France, d'Huysmans, de Pierre Loüys.

Si certains se plaisent encore à illustrer Rabelais ou Molière, s'ils trouvent dans les vieilles légendes un thème très décoratif, l'effort tend essentiellement à interpréter des œuvres contemporaines.

On peut se montrer moderne en illustrant Corneille, mais il est plus aisé de l'être en illustrant Jean Giraudoux ou Francis Carco. Le texte soutient sans cesse l'inspiration de l'artiste. Il donne à Chas-Laborde, Dignimont, Vertès, l'occasion d'analyser les mœurs contemporaines. Chaque page fait allusion au décor qui nous entoure, suggère des visions que nos aïeux ignoraient.

Cette influence a sa part dans les tendances à la déformation, dans toutes les libertés que l'artiste prend avec l'objet, dans le caractère de plus en plus symbolique du dessin. Les écrivains eux-mêmes, qui subissent d'ailleurs l'influence des peintres, en donnent l'exemple. Ce sont des jeux perpétuels avec les données de l'espace & du temps, des récits elliptiques qui nous forcent à deviner, des présentations de scènes ou de personnages sous des angles imprévus, à travers des prismes étranges. Les effets sont obtenus par de brusques changements d'échelle ou de parti descriptif : tantôt de longues périodes sont traitées en quelques mots, l'action d'une foule est synthétisée en traits sommaires, tantôt, au contraire, un moment paraît devoir s'éterniser & l'étude d'un personnage se poursuit au microscope. Des rêves, des souvenirs, des rappels de toutes sortes se mêlent au récit principal.

La vitesse, qui joue un rôle capital dans la vie &, par suite, dans la littérature contemporaines, s'exprime malaisément par l'image. D'où la nécessité de recourir à de véritables signes intellectuels, à des altérations de forme qui évoquent l'effet du mouvement. La vision n'est pas la même sur les torpédos du roman moderne que sur les barques de Lamartine. On restitue cette vision rapide par les notations brèves, parfois superposées. On supprime les accessoires, on réduit le dessin au minimum de traits pour le rendre perceptible d'un seul coup d'œil.

Les illustrateurs ont été encouragés dans cette voie par les esthétiques nouvelles : l'expressionnisme, le cubisme. Tantôt Marie Laurencin peuple la scène de personnages immatériels; le mysticisme de Chagall défie les notions traditionnelles sur la perspective, la couleur, la composition; tantôt l'on reconstruit géométriquement tout ce qui se trouve dans le champ de la vision selon les méthodes de Siméon, Gromaire, Galanis, Laboureur. Ou bien encore l'image comporte des éléments qui n'étaient pas dans le champ visuel, éléments réels mais cachés, éléments fictifs qui symbolisent des données abstraites ou extériorisent les pensées & les désirs de tel ou. tel personnage.

Ces tendances concourent à accentuer le caractère imaginaire du livre. De même qu'au théâtre on souligne volontiers l'élément conventionnel du décor, de même les héros de roman, dans l'illustration comme dans le texte, semblent mettre autant de soin à différer des gens de la rue que ceux de l'époque réaliste en mettaient à leur ressembler.

Les artistes les moins révolutionnaires sont influencés par un certain esprit décoratif : il se manifeste dans le domaine de la couleur par la vogue des tons posés à plat. Quelquefois l'image tend à se rapprocher de l'affiche, ce qui est bien naturel à une époque où Neumont, Guy Dollian, Hémard, Gus Bofa, donnent à l'art publicitaire une note d'élégance & de goût.

L'arabesque, la manière, la prédominance des préoccupations intellectuelles & subjectives, la recherche de l'originalité semblent bien caractériser l'illustration contemporaine. Visant moins à la perfection qu'à l'expression, convaincue que le fini n'est autre chose que le borné, elle cherche sans cesse à s'évader, à explorer, à inventer. Elle tente toutes les expériences & préfère une forme émouvante, réalisée par des tâtonnements empiriques, à un stable repos, fondé sur les principes d'une école. L'opposition contre l'académisme & même contre l'impressionnisme a rendu la génération actuelle irrespectueuse de toute tradition, comme l'était la jeunesse romantique d'il y a cent ans. Deux écueils l'épouvantent : le joli & l'exact. Rappelons-nous la formule romantique : le beau, c'est le laid. La grâce garde cependant de nombreux partisans & la variété de tendances qui distingue l'art français empêche que ce souci de l'expression ne devienne un poncif de la laideur.

Bien qu'un mouvement se fût dessiné en faveur de l'eau-forte, la gravure sur bois conserva, pendant les années qui suivirent la guerre, sa prépondérance. Si le goût manifesté par le public pour le livre illustré a déterminé une production particulièrement abondante, on peut dire que, dans l'ensemble, la valeur de l'illustration xylographique ne semble pas en avoir souffert. De tous temps les formules à la mode ont pu être mises à profit par les habiles. Il n'y eut pas toujours autrefois, comme en 1925, une telle diversité de talents unissant la vigueur & l'originalité à la grâce.

Les graveurs qui passent des masses d'ombre à la lumière par quelques plans très accusés sont aujourd'hui beaucoup plus nombreux que ceux qui se livrent au jeu savant & complexe des valeurs dégradées. Cette manière possède un réel pouvoir de suggestion. Tout au plus pourrait-on dire que la typographie ordinaire aux fines articulations s'accorde parfois malaisément avec certaines grandes taches noires, en sorte que les planches paraissent s'enfoncer un peu dans la page.

Si l'on cherche à classer selon leurs affinités les maîtres de la gravure sur bois contemporaine, on trouve un premier groupe d'artistes épris d'équilibre & de rythme, recourant volontiers aux oppositions massives de noirs & de blancs. La plupart ont collaboré aux beaux livres du xylographe-éditeur Léon Pichon, dont les bois aux larges touches s'harmonisent avec un caractère gras & noble, bien composé & bien tiré.

C'est le cas de Carlègle. Son talent garde toujours le sens de la mesure, soit qu'il enveloppe d'une fine lumière les scènes de *Daphnis & Chloé,* soit qu'il révèle, dans une intuition aiguë, les cauchemars de la *Religieuse portugaise,* soit encore qu'il donne au *Discours sur les Passions de l'Amour* un décor d'une sérénité classique. «Intelligence du texte, écrit justement Charles Saunier, élégance du dessin, sûreté de l'outil, Carlègle possède tout cela. Ses grandes compositions comme ses modestes culs-de-lampe ont toujours des liens intimes avec la typographie. Ses bois ne sont jamais opaques, mais transparents par l'artifice de clartés opportunes.»

Hermann-Paul était connu surtout pour la brutalité sarcastique qu'il apportait à ses satires des mœurs contemporaines quand Léon Pichon lui confia l'illustration de *La Danse macabre,* de *La Genèse,* de *Gargantua,* des *Œuvres de Villon* & de *L'Enfer,* qu'on pouvait admirer à l'Exposition. Dans son effort pour créer l'atmosphère de ces grandes œuvres, le talent d'Hermann-Paul a pris toute son ampleur en conservant son intensité d'expression.

Daragnès est peut-être le plus original, le plus romantique, le plus fougueux des illustrateurs contemporains. Il révéla sa puissante étrangeté dans *Le Corbeau* & surtout dans la *Ballade de la Geôle de Reading* qui exprime la détresse des condamnés écrasés par le mur de la prison. Daragnès a encore donné libre carrière à son goût du fantastique dans

La Main enchantée de Gérard de Nerval, dans le *Protée* de Paul Claudel & dans *A bord de l'Étoile matutine* de Mac Orlan. Depuis, Daragnès est passé à la taille-douce avec *Pêcheur d'Islande, Faust, La jeune Parque.*

Alfred Latour, qui réussissait à enclore dans un livre, *L'Ile oubliée,* un peu du charme prenant de l'Ile Saint-Louis, est devenu surtout le créateur d'ornements typographiques d'une ingéniosité & d'une grâce sans égales. Ses bandeaux, culs-de-lampe, lettrines, parent *Les Rêveries d'un Promeneur solitaire, Sainte Lydwine de Schiedam, Les Paradis artificiels.*

Chez Paul Véra, le sens de la page bien ordonnée, de la répartition des masses, s'allie à une délicieuse fantaisie. Ses décors, à allusions cubistes, pour *Les Jardins,* les *Odes* de Paul Valéry, *Architectures, Sainte Cécile,* les *Chansons de Callianthe,* se distinguent par leur élégance.

De la même tendance procèdent Deslignières, qui tailla pour *Armor* des images d'une grandiose simplicité; Roubille, qui illustra de façon vive & spirituelle *La Chastelaine de Vergi* & *Le Cheval* de Buffon; Bouroux, auteur de bois aux franches oppositions pour *La Trappe d'Igny;* Broutelle, qui donne à ses créations une forte empreinte & répartit avec ampleur les noirs & les blancs. Enfin, Pichon grava les nobles compositions de Dethomas pour *La Lettre à Fontanes sur la Campagne romaine* & *Les Folies françaises* de Couperin.

La Société Littéraire de France, la Sirène, la Nouvelle Revue Française, le Sans Pareil & quelques autres maisons d'édition ont fourni à de nombreux artistes l'occasion de se faire connaître. Ceux-ci se réclament en général des conceptions les plus hardies & font volontiers appel, soit aux naïvetés de l'imagerie, soit aux abstractions du cubisme.

A l'aimable talent de Raoul Dufy le décor du livre ne doit pas moins que celui du textile. Il évoque, par ses simplifications, la manière des anciens imagiers, tout en sachant se garder du pastiche facile. Sa fantaisie s'est révélée dans le *Bestiaire* ou *Cortège d'Orphée,* édité par la Sirène. Dufy a donné depuis des illustrations d'une audacieuse polychromie pour les *Madrigaux* de Stéphane Mallarmé.

De ses origines russes Lebedeff tient sans doute le goût de l'archaïsme, de l'ingénuité, du pittoresque populaire. Avec Galanis on découvre les analogies qui relient cette concision primitive au cubisme. Guy Dollian, dans *La Légende de Saint Julien l'Hospitalier,* Pierre Falké, dans le *Pot au noir,* font preuve d'une vigoureuse originalité.

La plupart des graveurs sur bois échappent aux classements & se défient des formules. Tels Paul-Émile Colin, qui, dans les *Travaux & les Jours, La Colline inspirée, Les Philippe, Germinal,* se soucie avant tout de simplicité & de vérité; Gabriel Belot, qui évoque avec une verve savoureuse les paysages citadins ou campagnards; Ouvré, dont la haute intelligence se révèle dans une série de portraits.

Henri Barthélemy, qui dirige les Imprimeries Coulouma, s'est montré excellent illustrateur dans *L'Enfant* & *Le Bachelier,* de Jules Vallès, *Le Comte Morin Député,* d'Anatole France, livres édités par Mornay.

Maximilien Vox se plaît aux élégances des siècles passés. Ses images pour *Micromégas, Lucien Leuwen* & ses charmantes compositions pour *Le Jardin de Candide* témoignent de beaucoup d'intelligence & de goût.

Siméon, qui pratique le bois & l'eau-forte, sait choisir l'anecdote piquante & décore avec esprit *Le Neveu de Rameau, Candide, Le Bourgeois Gentilhomme.*

Clément Serveau, à qui l'éditeur Ferenczi a confié les publications du Livre de Demain, en a lui-même illustré avec brio plusieurs volumes, notamment *Cantegril.*

Enfin, les œuvres que groupaient l'Imagier de la gravure sur bois originale & la Société des Cartons d'estampes gravés sur bois, présidée par Émile de Ruaz, auraient suffi à attester la vitalité de la xylographie moderne.

Si la plupart des graveurs recourent volontiers au camaïeu & à la polychromie, qui sont la plus délicate parure du livre moderne, on doit un hommage spécial à l'originalité, à la virtuosité, à la science de l'artiste-éditeur Schmied.

«Schmied, écrit le Dr Mardrus, est parti de cette idée que la technique de la gravure polychrome sur bois doit être identique à celle de l'impression en noir d'un texte ou d'une image. En effet, les vingt ou vingt-cinq bois quelquefois nécessaires à la reproduction d'un seul original en couleurs s'impriment dans ses ateliers comme on imprime les caractères en noir, c'est-à-dire à la manière d'un cachet, sans plus.»

La liste des livres imprimés sur les presses de Schmied comprend une vingtaine d'ouvrages parmi lesquels *Le Livre de la Jungle, Les Climats,* édités par la Société du Livre Contemporain, *Personnages de Comédie,* édités par Meynial, *Salammbô,* éditée par Le Livre, *Marrakech,* édité par le Cercle Lyonnais du Livre, *Daphné, Le Cantique des Cantiques & L'Offrande lyrique,* édités par Schmied lui-même.

Ses bois, avec leur fraîcheur, leur immatérielle légèreté, sont puissamment évocateurs de pays lointains, d'époques disparues. Magicien de la polychromie qui commente le lyrisme hyperbolique, la richesse pittoresque des légendes orientales, Schmied est peut-être le plus suggestif des illustrateurs contemporains. Il semble d'ailleurs que, d'un livre à l'autre, son art se fasse, suivant l'expression du bibliophile passionné qu'est M. Louis Barthou, « plus intelligent & plus profond, plus frémissant de vie & de mouvement, plus ingénieux, plus subtil & plus coloré ».

De Schmied on peut rapprocher Louis Jou, dont on admirait à l'Exposition *L'Ile des Pingouins,* éditée par Lapina. Jou s'y montrait un coloriste très doué. Comme Schmied, Jou s'est préoccupé de produire des livres où le texte & le décor ne fassent qu'un. Si *Le Prince,* dont il a dessiné & gravé le caractère & créé l'ornementation, vaut exclusivement par la beauté de la typographie, ses planches pour *Les Opinions de Jérôme Coignard, La Rôtisserie de la Reine Pédauque, Le Carton aux Estampes,* sont taillées avec beaucoup de vigueur & révèlent le goût des raccourcis saisissants, des sous-entendus, des synthèses.

H. Rivière, P. Gusman, Picart-Ledoux, ont pratiqué aussi avec maîtrise le camaïeu ou la polychromie. Hellé sait retrouver les chemins favoris de la pensée enfantine : des silhouettes amusantes, de frais coloris donnent à ses images le même charme qu'à ses jouets. Les illustrations de Mathurin Méheut pour *Le Gardien du Feu & La Brière* ont une saveur mélancolique, tandis que les huit volumes dans lesquels il a réuni des milliers d'études polychromes sur la faune & la flore des côtes bretonnes expliquent la variété des motifs qu'il utilise dans la plupart des domaines de l'art décoratif. L'album de R. Charmaison, *Les Jardins précieux,* qu'a luxueusement édité J. Meynial, séduit par la grâce des compositions & la délicatesse des tons.

Enfin, il n'est rien de plus attrayant, dans l'imagerie contemporaine, que les bois, égayés de teintes vives & légères, dont Robert Bonfils a illustré *Les Rencontres de Monsieur de Bréot, La double Maîtresse, Clara d'Ellébeuse,* les *Sonnets* de Louise Labbé & surtout la délicieuse *Sylvie* de Gérard de Nerval. Sa fantaisie sait commettre d'agréables anachronismes pour ressusciter les amours & les élégances d'autrefois.

L'eau-forte & la gravure au burin sont les modes d'expression favo‐ris des modernistes qui, d'ailleurs, ne délaissent pas la gravure en relief. Ainsi Laboureur qui, dans son évolution vers le cubisme, réussit à se concilier par son esprit & sa finesse ceux-mêmes que déroutent ses for‐mules & sa perspective, pratique le bois, la lithographie & réalise également des eaux-fortes polychromes d'une exquise transparence. Mais c'est au trait sec du burin qu'il a surtout demandé l'expression de sa fantaisie géométrique. Il a illustré *Beauté mon beau Souci, Le Diable amoureux, L'Appartement des Jeunes Filles, Le Tableau des Grands Magasins, L'Envers du Music-Hall, Les Silences du Colonel Bramble, Dans les Flandres britanniques.*

Le talent de Chas-Laborde est aussi bien adapté à la xylographie qu'à la taille-douce, comme en témoignent ses bois pour *Le Nègre Léonard & Maître Jean Mullin,* ses pointes sèches pour *Jocaste & Le Chat maigre,* ses eaux-fortes en couleurs pour *Tendres Stocks, Fermina Marquez, Rien qu'une Femme.* C'est l'imagier de la rue, l'analyste aigu des passions de la foule, le chroniqueur satirique des mœurs d'après-guerre.

Les belles eaux-fortes de Dunoyer de Segonzac pour *Les Croix de Bois,* les dessins de Charles Guérin pour *Trois Contes de Boccace,* gravés au burin par G. Gorvel, les aquatintes de J.-L. Boussaingault pour le *Supplément au Voyage de Bougainville* montrent le même effort d'indépen‐dance & d'expression à travers les tempéraments les plus différents.

La personnalité de Bernard Naudin reste étrangère aux modes & aux écoles. Dans ses œuvres antérieures à la guerre, *Le Grand Testament de Villon, Les Criminels peints par eux-mêmes, L'Homme qui a perdu son Ombre,* il dépeignait à merveille la bohème, les révoltés. Puis, dans *Ce que disent nos Morts, La Guerre Madame,* la simplicité de son dessin attei‐gnit à la véritable grandeur. Depuis, les *Histoires extraordinaires, L'Ap‐prentie, Le Neveu de Rameau,* l'ont montré élégant, précis, énigmatique.

Il faudrait citer encore d'excellents aquafortistes comme Ch. Coppier, Henri Cheffer, Marty.

C'est au procédé de la gravure sur pierre que recourt André Hofer, pour ses décors harmonieux de *La Rose de Roseim* & de *Daphnis & Chloé.*

La lithographie, qui avait triomphé avec Louis Morin & les belles édi‐tions de Carteret, a été presque abandonnée dans le décor du livre

pendant une quinzaine d'années. Les fines observations de Marcel Vertès, les compositions vigoureuses de Maurice de Vlaminck, l'ont remise
en faveur, malgré son peu d'affinité avec la typographie.

La manière gracieuse, mystérieuse & voilée de Charles Guérin, évo-
cateur des *Fêtes galantes* & du *Voyage égoïste,* est ici d'une parfaite con-
venance. Ses *Élégies* de Marceline Desbordes-Valmore contrastaient
par leur charme mélancolique avec cette âpre énergie qui, en 1925, pré-
dominait nettement chez presque tous les illustrateurs.

LES RELIEURS.

Les relieurs manifestaient la même diversité de tendances.

Nul n'occupe une place plus importante que René Kieffer dans l'histoire de la reliure contemporaine. Ses œuvres, datées de 1901, figurent à
juste titre dans les vitrines du Pavillon de Marsan. Il obéissait, à cette
époque, à la mode des incises. Ses plats étaient souvent ornés d'entre-
lacs floraux dorés. Peu à peu, il accentua la stylisation & tendit vers le
décor géométrique.

Tempérament audacieux, Kieffer qui, devenu éditeur, fait prédo-
miner la couleur dans l'illustration du livre, recherche, en reliure, la
richesse des tons, les ors. Il renouvelle la tradition de la plaque gravée,
ornée de gaufrures et de motifs estampés au balancier, telle que nous
l'avait transmise la reliure romantique. Il n'est point fasciné par l'idée
de l'œuvre unique & exécute, en plusieurs exemplaires, certaines de
ses plus belles couvertures. Les reliures en plein veau pour les *Scènes de
la Vie de Bohème, L'Anneau d'Améthyste, Les Bijoux indiscrets, La Rôtisserie
de la Reine Pédauque,* exposées en 1925, montraient l'évolution logique
de son talent.

Fidèle à la discipline classique, Georges Canape aime les répétitions
symétriques, les mosaïques d'une polychromie discrète. Sa reliure pour
Le Prince de Machiavel, le semis d'épis dorés qui décorait la couverture
des *Blés mouvants,* témoignaient d'un goût averti, servi par l'expérience
technique.

Avec Legrain & ses émules on assiste à une transformation profonde.
L'imagination s'assagit : plus de fleurs, plus d'images qui forment

comme une illustration extérieure; une volonté de synthèse & d'équilibre. Plus de nerfs, plus de faux nerfs sur les dos, dont il bannit l'ornement; sur les plats se développe tout le luxe du livre. Les fers y font place aux filets, aux cercles, aux figures géométriques. Le décor dérive souvent de la lettre même du titre, qui participe aux alignements, aux incidences, aux contrastes du dessin. La mosaïque est employée par masses, en grandes oppositions de tons.

Une reliure aussi nue, où toute imperfection s'accuse, impose une impeccable exécution, une matière sans défaut. Legrain s'attache à améliorer la technique, à accroître la variété de ses ressources : il emploie le galuchat, le requin, les métaux, les laques, l'écaille, les placages de bois précieux. Il augmente les effets décoratifs des cuirs par des gaufrages produisant des reflets inusités.

Si la manière géométrique, qui donne souvent aux œuvres un caractère impersonnel, est facile à imiter, à tout le moins dans sa lettre, il faut reconnaître que ses lignes cabalistiques, son ossature cubiste comportent un symbolisme conforme à l'esthétique abstraite du temps présent. La beauté plastique des reliures de Legrain pour *Faust, Le Jardin des Supplices, Eupalinos,* suffit d'ailleurs à satisfaire ceux que laisseraient insensibles leurs suggestions ambiguës.

C'est une heureuse synthèse du modernisme & de la tradition que représente Cretté, successeur de Marius Michel. Auprès de son sévère & magnifique Villon en plein cuir noir, aux incrustations grises & vertes, le masque gris qui ornait la couverture de *Personnages de Comédie*, ses motifs gracieux pour *La Cité des Eaux* ou *Le Pot au noir* étaient des œuvres d'un goût infiniment délicat.

Mlle Louise Germain joue avec virtuosité des éclats métalliques parmi les blancheurs & les grisailles; Noulhac aime les notes austères & sombres. Mlle de Félice exposait des parchemins peints à la gouache, des étoffes décorées, de somptueux maroquins. Léon Gruel présentait une reliure évocatrice destinée aux *Climats* de la Comtesse de Noailles & avait imaginé, pour celle de *La Sandale ailée,* un gracieux motif de plumes de paon. Des lignes sobres donnaient beaucoup de style & de noblesse à certaines reliures de Mlle Jeanne Langrand, *Eurydice deux fois perdue, Daâh, Mirages,* sans faire tort à sa charmante & spirituelle composition pour *Les Malheurs de Sophie.*

Séguy offrait l'exemple d'une technique méticuleuse & complexe dans une reliure aux feuillages stylisés, où se juxtaposaient le cuir repoussé, la nacre, les ors pâles, les cuivres; de même Mme Germaine Schrœder dans son *Tristan,* dont le léger décor rose pâle se détachait sur fond bleu. La virtuosité avec laquelle Mlle Suzanne Roussy travaille le cuir, incise & laque le parchemin est difficile à surpasser.

Le talent varié de Robert Bonfils conserve dans la reliure ses qualités de fantaisie. Parmi les relieurs modernes, presque tous acquis au motif géométrique, il se plaît à des créations expressives & figuratives. Sur la couverture du *Martyre de Saint Sébastien,* d'un bleu sombre & profond, apparaît la tête nimbée du Saint. Sur celle du *Séducteur,* un bateau blanc longe des rivages aux palmiers verts. Sur celle de *Fêtes Galantes,* un masque, une mandoline décorent le plat de maroquin rose.

LES LIBRAIRES-ÉDITEURS.

La plupart des grands éditeurs français participaient à l'Exposition. A côté de maisons anciennes & renommées, on trouvait beaucoup de firmes fondées depuis la guerre.

Les éditeurs d'art se sont, en effet, multipliés. Ils étaient, il y a vingt ans, une quinzaine. Aujourd'hui leur nombre dépasse certainement soixante. Cette différence correspond à l'accroissement de la clientèle. On lit davantage & le public apprécie mieux la recherche de la présentation. En dehors des entreprises commerciales, de nouvelles Sociétés de bibliophiles ont apparu. Elles groupent notamment les Médecins bibliophiles, les Orfèvres bibliophiles, les Bibliophiles du Palais ou de l'École Centrale.

Non seulement les chefs-d'œuvre de la production contemporaine ont atteint en quelques années des prix sans précédent, mais la recherche de l'édition originale des livres courants s'est généralisée. La pratique du clichage à laquelle recourent les éditeurs pour les tirages suivants, s'ils prévoient qu'ils seront nombreux, donne parfois une raison de préférer l'édition originale, composée en caractères mobiles. D'autre part, la hausse du coût des papiers de fibre les ayant contraints à recourir à des qualités inférieures pour les publications ordinaires, les tirages à part sur papier de luxe, Japon, Hollande, vergé, vélin, ont pris une importance considérable; ce sont ces volumes de luxe, tirés à un nombre d'exemplaires beaucoup plus élevé qu'autrefois, qui constituent souvent la véritable édition originale.

René Kieffer, que la reliure amena à l'édition à partir de 1909, a joué, ici encore, un rôle marquant. Son premier volume fut *La Cathédrale,* de Jouas, qu'il publia de concert avec Blaizot. Suivirent, avant & après la guerre, des œuvres aussi notoires que la *Cité des Eaux,* accompagnée d'eaux-fortes de Jouas, *Hyalis & Romances sans Paroles,* illustrés de bois originaux et d'eaux-fortes en couleurs par Picart-Ledoux, les *Litanies,* ornées de vignettes & d'encadrements polychromes par André Domin. En 1925 ses présentations se distinguaient par la richesse des reliures, la variété des modes d'illustration, la fraîcheur des coloris. Kieffer recherche volontiers les talents jeunes, créateurs de décors vivants & pittoresques.

Imprimeur & graveur, auteur du «dorique», Léon Pichon n'ignore rien des éléments qui constituent le beau livre, ni des principes d'harmonie qui doivent guider leur mise en œuvre. Il personnifie la tendance classique, pondérée, un humanisme fondé sur la finesse & l'équilibre.

La Librairie Dorbon aîné est un sanctuaire pour les amateurs du livre rare. On lui doit l'élégante série des *Bibliophiles fantaisistes.* Elle exposait, outre un aimable album, *Dans les Flandres britanniques,* une attrayante collection d'œuvres contemporaines dans un format intermédiaire entre l'in-8° & l'in-4°, ainsi que différents ouvrages de luxe, d'une typographie impeccable.

Les envois des Éditions Georges Crès étaient groupés dans un pavillon spécial, construit par les architectes Hiriart, Tribout & Beau sur l'Esplanade des Invalides; à l'intérieur était aménagée une luxueuse bibliothèque, décorée par Francis Jourdain. On y remarquait, à côté de trois ouvrages illustrés par Bonnard & Georges Rouault, une série créée pour l'Exposition. Elle comprenait dix volumes in-4°, dont les dessins rehaussés & les gravures sur bois étaient dus à Asselin, Dignimont, Falké, Lacoste, Marquet & Sylvain Sauvage. Sur les 350 exemplaires du tirage, 5, sur Japon, comprenaient des originaux; 45, sur Madagascar, renfermaient des dessins & des suites à part.

C'est surtout aux procédés de reproduction mécanique que recourt

Fasquelle pour ses ouvrages de luxe tels que *Le Livre des mille & une Nuits,* dont on pouvait admirer à l'Exposition les fac-similés d'enluminures persanes. Dans l'élégante *Gazette du bon Ton,* éditée par Lucien Vogel, triomphe le coloris au pochoir & au pinceau. Les volumes somptueux qu'exposait Maurice de Brunoff, *Anna Pavlowa, La Belle au Bois dormant,* présentaient l'emploi des techniques les plus variées.

Depuis la mort de Pelletan, ses successeurs, Helleu & Sergent, ont publié plus de trente volumes illustrés par Naudin, Ch. Guérin, P.-E. Colin, Brangwyn, Perrichon, A. Latour, Deslignières, Siméon, Hermann-Paul, en particulier une série de livres de Baudelaire & d'Edgar Poë, *Les Paradis artificiels, Euréka, Les Aventures d'Arthur Gordon Pym, Nouvelles Histoires extraordinaires.* Les inspirations les plus hardies s'équilibrent dans l'harmonieuse précision de l'ensemble.

La Librairie de l'Art Catholique (J. Rouart & L. Watelin) a renouvelé le livre religieux, aussi bien en restaurant la belle typographie qu'en choisissant pour illustrateurs Maurice Denis, Carlègle, Bonfils &, en général, des artistes de tendances néo-classiques. On lui doit ainsi une version des *Petites Fleurs de Saint François d'Assise,* destinée à une plus vaste diffusion que celle dont Jacques Beltrand fut à la fois le graveur & l'éditeur : «Cette grande édition des Fioretti, écrit en tête de l'ouvrage A. Pératé, n'était franciscaine que de nom, puisqu'elle ne pouvait être populaire ; elle ressemble aux splendides manuscrits du Moyen Âge, encadrés & parsemés de fleurs, qui réjouissent encore nos yeux. On ne verra plus ici que du noir & du blanc, discrètement avivés d'un beau rouge, comme aux éditions d'autrefois, de France & d'Italie.» Pour ce second ouvrage Maurice Denis avait de nouveau dessiné, Jacques Beltrand de nouveau gravé les images. Les bois gardent une simplicité & une sérénité mystiques. Les marges sont bien proportionnées, les caractères élégants; les lettrines & les ornements sont sobres & ce livre, où «les haillons vénérables de Madame Pauvreté» ne sont plus «recousus d'un fil d'or», a le mérite de n'être pas un ouvrage de grand luxe offert à la spéculation.

Rouart & Watelin n'ont pas moins bien réussi dans un genre plus profane, témoin leur *Nouveau Manuel de l'Amateur de Bourgogne,* dont les ornements & le frontispice sont dus à Robert Bonfils.

L'exposition d'ouvrages & d'estampes d'Ambroise Vollard était digne d'un éditeur qui a exercé une grande influence sur le livre français. Depuis qu'il fit sensation en 1900, en faisant illustrer par Rodin *Le Jardin des Supplices,* il n'a cessé de se montrer hardi dans le choix de ses collaborateurs. Ce fut pour lui que Pierre Bonnard dessina au crayon lithographique les scènes exquises de *Parallèlement* & de *Daphnis & Chloé,* Armand Séguin les curieuses compositions de *Gaspard de la Nuit.*

En même temps que la série des portraits d'Ouvré destinés à la Collection des *Chefs-d'Œuvre méconnus,* les Éditions Bossard présentaient *Les Entretiens de Nang-Tantrai* & maint autre beau livre. Les ouvrages de luxe d'Émile Paul, *Tendres Stocks* illustrés d'eaux-fortes en couleurs par Chas-Laborde & *La jeune Parque* illustrée de gravures sur cuivre par Daragnès, constituaient une des plus luxueuses parures de la Section française.

Bien que la maison Henri Jonquières fût de fondation très récente, son exposition était des plus riches & des plus variées; les principaux procédés d'illustration, bois, eau-forte, lithographie en noir & en polychromie y étaient représentés avec éclat.

Bernard Grasset exposait une quarantaine d'ouvrages, parmi lesquels un charmant *Malbrough s'en va-t-en Guerre,* imprimé par Coulouma & illustré par Maximilien Vox. Il représente un modernisme sans outrance. Ses éditions courantes sont soignées, le titre bien équilibré, la couverture ornée d'un bois pittoresque.

Le Cabaret, illustré d'eaux-fortes par Renefer, *La Leçon d'Amour dans un Parc, L'Ile des Pingouins,* témoignaient de l'activité & du goût de l'éditeur-imprimeur Lapina. Sous leurs reliures riches & expressives, *Les Pantins de Paris,* accompagnés de tailles-douces d'après les dessins de Forain, *Le Neveu de Rameau,* qui inspira à Naudin de vivantes eaux-fortes tirées en noir & en sanguine, *Lysistrata* enfin, étaient dignes des traditions déjà longues de la maison Blaizot.

Les Éditions de la Nouvelle Revue Française sont parmi les plus favorables aux formules nouvelles. Elles recourent avec éclectisme à toutes les techniques de l'illustration : bois, eau-forte, burin, lithographie. Elles s'adressent volontiers à Lhôte, à Dunoyer de Segonzac, à Laboureur, à Marie Laurencin, à Galanis, à Pascin pour illustrer Valéry Larbaud, Gide, Carco.

Peu de firmes ont pris dans la production d'après-guerre une part plus importante que les Éditions Mornay. Elles créaient en 1919 la collection *Les Beaux Livres,* dont le prix est modéré et la présentation soignée. L'illustration utilise les ressources les plus variées, en particulier les bois coloriés au pochoir. Il paraît environ 5 volumes par an. Parmi les meilleurs citons *La Vie des Martyrs* avec des bois de Lebedeff, *Le Portrait de Dorian Gray, La Révolte des Anges & Le Crime de Sylvestre Bonnard* avec des bois & des eaux-fortes de Siméon, *L'Enfant & l'Insurgé* avec des bois de Barthélemy, *La Rôtisserie de la Reine Pédauque* avec bois de Jou, le *Gardien du Feu & La Brière* avec des bois de Méheut, *Les Opinions de Jérôme Coignard & Les sept Femmes de Barbe-Bleue* avec des bois de Sylvain Sauvage. Grâce au talent de Pierre Falké & de Gus Bofa, la collection de *l'Édition originale illustrée* n'a pas obtenu un moindre succès.

Parmi les envois les plus intéressants, on remarquait encore ceux de Conard : la Grande Édition de Balzac & quelques volumes des *Illustrations littéraires françaises,* qui avaient utilisé le beau «Garamond» de l'Imprimerie Nationale; ceux de Kra, en particulier *Le Livre de la Jungle,* où Maurice de Becque se montrait un aquafortiste & un coloriste de race.

La Société Le Livre, fondée après la guerre, a donné *Scènes mythologiques* avec de délicates eaux-fortes de Marty, *Les Silences du Colonel Bramble* avec des gravures au burin de Laboureur. La Roseraie s'inspire des tendances les plus modernes. Elle demande des eaux-fortes en couleurs à Chas-Laborde, des lithographies polychromes à Marcel Vertès. Son *Faust,* illustré de bois & d'eaux-fortes par Daragnès, ses *Contes de Perrault* pour lesquels Drian composa aussi des eaux-fortes admirables, comptent parmi les plus belles productions de notre époque.

Le livre d'art de demi-luxe n'est pas négligé. Si rien n'empêche qu'un livre rare & cher ne soit laid, rien n'empêche non plus que la présentation d'un livre de prix moyen ne soit un chef-d'œuvre.

Pelletan vendait 5 francs des volumes bien tirés sur bon papier & ornés de vignettes par ses meilleurs collaborateurs.

Plusieurs éditeurs ont suivi son exemple : Helleu avec ses *Philosophes & Moralistes,* Garnier avec *Selecta,* Piazza, Jonquières, Dorbon, Conard, la Société Littéraire de France, Bossard avec *Les Chefs-d'Œuvre méconnus & Les Classiques de l'Orient,* Mornay, Calmann-Lévy, la Cité des Livres, la Librairie de l'Art Catholique & beaucoup d'autres.

Avant la guerre, Crès fondait sa collection des *Maîtres du Livre.* Imprimés sur vélin teinté ou vergé à la cuve & illustrés par Daragnès, Jou, Lebedeff, Siméon, Galanis, Deslignières, ces volumes de prix modéré étaient remarquables par la beauté de la typographie, par l'homogénéité du décor. Il est difficile de trouver des ensembles plus harmonieux que le *Livre de la Pitié & de la Mort, Le Deuil des Primevères, Lettres de Malaisie.* D'autres séries créées depuis, comme *Jeunes & Maîtres d'aujourd'hui,* témoignent des mêmes qualités.

Les publications de prix modéré tirent souvent leur beauté de typographies parfaites, exemptes de toute illustration. Rappelons l'essai fait chez Payot par P. Plan & Martyne d'une *Petite Bibliothèque romantique,* la collection *A l'Enseigne d'une Folie* chez Émile Paul. Enfin Les Belles-Lettres ont bien mérité du monde savant par l'établissement des textes grecs & latins de l'élégante & impeccable *Collection Guillaume Budé.*

Nous possédons même aujourd'hui le véritable livre d'art populaire. Grâce à la perfection croissante du machinisme, il a été possible, depuis la guerre, de réaliser des livres très bon marché, à 2 fr. 50 & 3 fr. 50, supérieurs pour le papier, le caractère & surtout l'illustration à la plupart des collections à 0 fr. 95 d'avant-guerre.

L'emploi de la monotype & le succès du bois gravé, se substituant aux similis d'aquarelles qui exigeaient le papier couché, ont accompli cette transformation.

Ainsi Fayard a pu créer, en 1921, *Le Livre de Demain,* collection sur papier d'alfa bien lisible, ornée de bois originaux & pouvant être tirée à 100.000 exemplaires. Paraissant à raison d'un volume par mois, cette collection permet la diffusion d'un très grand nombre d'œuvres. Les principaux illustrateurs en sont Jeanniot, P. E. Colin, Hermann-Paul, Pierre Falké, Renefer, Le Meilleur, Daragnès, Grillon, Ch. Hallo, Lebedeff, Guy Arnoux, Paul Baudier, G. Cochet, Roubille.

Ferenczi a fondé d'après les mêmes principes une collection charmante, *Le Livre moderne illustré.* Il publie également *Demain,* périodique auquel collaborent les graveurs sur bois les plus renommés.

Toutefois, dans l'ensemble, nos éditions courantes laissent encore à désirer. Nos in-16 & nos in-18 à couverture jaune ne se distinguent que par leur prix des volumes à 3 fr. 50 d'avant-guerre.

Par contre la revue illustrée, le livre d'art documentaire &, dans une certaine mesure, le livre d'enseignement, ont été transformés par les perfectionnements de la photomécanique. Grâce à eux, le domaine de l'édition non typographique devient de plus en plus étendu. C'est ainsi que Floury a publié des manuscrits de Delacroix & de Victor Hugo ; les Éditions Excelsior, des manuscrits de Verlaine ; Les Quatre Chemins, la première édition de Villon. Ces procédés nouveaux pourraient faciliter l'édition des livres de poésie, dont la faible diffusion ne compense pas le coût élevé d'une édition typographique.

Leur importance est due surtout au rôle que joue à notre époque le document-image. Il est significatif que le répertoire où s'enregistrent les événements de la vie contemporaine s'appelle *L'Illustration*. La puissante revue, qui avait édifié un pavillon sur le Cours-la-Reine, consacra à l'Exposition un numéro spécial. Rarement ses planches en noir ou en polychromie présentèrent, malgré un tirage considérable, plus d'attrait dans leur diversité.

Le Monde illustré & *Les Annales* avaient également leur magasin d'exposition.

Le développement des revues d'art spécialisées est un des traits de notre temps. *La Revue de l'Art ancien & moderne, L'Art & les Artistes, Beaux-Arts, La Gazette des Beaux-Arts, Art & Décoration, L'Art vivant, La douce France, L'Amour de l'Art, Le Crapouillot*, reflètent avec fidélité les principales tendances du goût moderne. En ce qui concerne plus particulièrement le livre, *Byblis* & *Plaisir de Bibliophile* s'adressent aux amateurs, tandis que les techniciens disposent de *Papyrus* & du *Bulletin de la Fédération des Maîtres-Imprimeurs*.

Un charmant pavillon, édifié par l'architecte Tronchet, rappelait le rôle important que joue *La Renaissance de l'Art français & des Industries de Luxe* dans le développement des beaux métiers. Non loin de là, au Pavillon *Fémina*, Pierre Laffite exposait ses élégants périodiques.

A côté des revues, les collections illustrées, les albums documentaires se multiplient.

La Librairie Larousse, qui édite *L'Art vivant*, a fait paraître *Le Musée* d'Art, *Les Arts décoratifs modernes* & une série de volumes consacrés aux pays étrangers. Hachette présentait son *Encyclopédie des Beaux-Arts, Le Pays de France, Les Merveilles de l'autre France.*

Dans un pavillon de l'Esplanade des Invalides, les publications de la Librairie Centrale des Beaux-Arts (Albert Lévy) sur l'art décoratif moderne trouvaient leur place logique à côté d'œuvres de céramique & de verrerie. Les enluminures au pochoir de Saudé, qui paraient les albums *Formes & Couleurs & Variations,* associaient à la fidélité documentaire un travail d'art original.

Au Pavillon des Éditions Albert Morancé figuraient les belles revues *L'Architecture vivante, L'Art d'Aujourd'hui, Les Arts de la Maison, L'Œuvre, Byblis.* Outre des travaux relatifs à l'histoire de l'art, Morancé a édité de nombreux livres documentaires & techniques sur l'architecture actuelle ainsi qu'une série d'ouvrages sur les richesses des Manufactures & des Musées Nationaux.

Charles Moreau publie, en phototypie, des albums d'art décoratif contemporain, dont l'ensemble constitue le tableau le plus complet de l'activité moderne en France & à l'étranger.

Il n'est personne qui ne connaisse & n'apprécie à leur valeur les monographies de Laurens sur les villes d'art & les grands peintres, architectes & sculpteurs, les collections de Gründ & de Rieder, les études d'architecture & de décoration, accompagnées de belles illustrations polychromes, que publie Charles Massin.

Le livre classique, principale spécialité des maisons Hachette, Colin, Delagrave, Garnier, n'est pas exclu du mouvement de rénovation. On évite de plus en plus de rebuter l'enfant par une présentation maussade, on remplace par des images les longues & obscures descriptions.

Enfin, Durand, Rouart-Lerolle, s'efforcent de concilier le renouvellement de la présentation avec les exigences complexes auxquelles doivent satisfaire les éditions musicales.

Les envois des éditeurs parisiens formaient la majorité de la Section française. Mais on n'en saurait conclure que la province ne participe pas à l'activité des arts & des industries modernes du livre. Au contraire, le plus grand nombre de nos papeteries se trouvent hors de l'agglomération parisienne; ce sont des imprimeurs de province qui composent la plupart des ouvrages édités à Paris. Enfin les principaux centres régionaux ne restent pas étrangers aux efforts de renouvellement du décor; les publications que poursuivent les Bibliophiles du Nord à Tourcoing, les Bibliophiles de Nice, la Société normande du Livre illustré à Rouen, le Hérisson à Amiens, le Pigeonnier dans l'Ardèche, en sont autant de témoignages.

Parmi les exposants lyonnais, on remarquait Lardanchet, qui créa en 1912 sa *Bibliothèque du Bibliophile* & exposait en particulier la *Vita nova,* illustrée de bois en deux tons par Maurice Denis. Le Cercle Lyonnais du Livre a donné *Marrakech* illustré par Suréda, les *Élégies* de Marceline Desbordes-Valmore avec des lithographies de Ch. Guérin. Les Éditions P. Argence publient des revues techniques, des magazines de luxe & d'élégants travaux publicitaires.

Les gravures, les revues, les ouvrages groupés soit dans la Bibliothèque à la Maison d'Alsace, soit dans la Galerie d'estampes, la Salle de lecture ou la Salle de l'Art du Livre au Pavillon de l'Art en Alsace, témoignaient de l'importance de Strasbourg, Colmar & Mulhouse comme centres artistiques & sièges d'industries graphiques prospères. La Compagnie Alsacienne des Arts photomécaniques, A. & F. Kahn, La Vie en Alsace, les Éditions L'Arc, la Société des Amis des Arts de Strasbourg, Le Groupe de Mai, l'Association des Artistes Indépendants d'Alsace étaient les principaux participants de cet ensemble.

Au Pavillon de Nancy, plusieurs éditeurs & imprimeurs, parmi lesquels figurait Berger-Levrault, exposaient des travaux publicitaires, des épreuves phototypiques & héliographiques. Dans le Mas Provencal, quelques ouvrages ornés de bois enluminés au pochoir, *Les plus célèbres Noëls provençaux, Pèlerinages à Maillane,* complétaient l'évocation rustique & pittoresque du pays de Mistral.

On trouvait, dans le Pavillon de l'Afrique du Nord, de belles reliures, d'élégantes calligraphies arabes, des miniatures. *Le Bulletin du vieux Hué, Pages indo-chinoises,* rappelaient l'activité intellectuelle & artistique de la France en Extrême-Orient.

SECTIONS ÉTRANGÈRES

SECTIONS ÉTRANGERES.

A l'exception de la Chine & du Grand-Duché de Luxembourg, toutes les nations exposantes avaient participé à la Classe 15.

Les dons collectifs faits à la Bibliothèque Nationale par plusieurs Commissaires Généraux étrangers permettent aujourd'hui de comparer, mieux qu'à l'Exposition même où elles étaient dispersées, les belles œuvres présentées en 1925.

Deux tendances apparaissent nettement. D'une part certaines nations de l'Europe centrale se tournent vers leurs traditions les plus lointaines, sans faire aucun emprunt aux civilisations latines; ainsi la Tchécoslovaquie, la Pologne, le Danemark, la Yougoslavie nous semblent témoigner d'un effort plus original parce que leur art est plus étranger au nôtre.

D'autre part les nations occidentales, malgré quelques tentatives d'évasion, s'inspirent souvent de formules plus classiques; si leur production est irréprochable au point de vue technique & esthétique, elle n'accuse pas toutefois le souci de renouvellement qui s'est manifesté dans la Section française & dans la Section de l'U. R. S. S.

L'Espagne n'avait pas donné une place spéciale à la Classe 15; on doit d'autant plus le regretter que, dans le Pavillon National comme dans les salles du Grand Palais, on pouvait admirer une collection d'affiches, d'un art synthétique & expressif, & d'autres œuvres graphiques, telles les aquarelles de Carlos S. de Téjada. Parmi les éditeurs on peut citer Miguel Rius, l'Elzeviriana y Libreria Cami, & Ramon Tobella Castelltort de Barcelone avec ses amusants livres d'enfants. L'Institut Catalan des Arts du Livre exposait une suite de 60 bois en couleurs pour son édition des *Contes du Bibliophile.* Des reliures de cuir, de batik ou de parchemin étaient dues au talent de Mathilde Calvo Rodero & de Miquel y Planas.

Tous les artistes & fabricants finlandais qui prirent part à l'Exposition désirèrent conserver l'anonymat. Il n'en faut pas moins constater l'influence du peintre Axel Gallèn, créateur de l'art national finnois, dans le livre comme dans la céramique, les textiles, les tapisseries rustiques.

La Section hellénique était des plus restreintes; on y remarquait des tendances modernes, notamment dans les reliures de luxe de N. Ralli.

On ne peut juger, d'après de trop rares envois, l'art moderne du livre au Japon. Pourtant quelques graveurs sur bois, tels que Tanaka & Hashiguchi, avaient exposé des œuvres intéressantes.

La jeune République de Lettonie se dégage mal encore de l'emprise artistique de la Russie; cependant l'effort qu'elle réalisa en 1925 dans l'art du livre témoigne de son désir d'indépendance. Les grands éditeurs de Riga, Valter & Rapa, recherchent pour leurs contes de fées ou leurs livres classiques une présentation soignée, une typographie moderne. Leurs illustrateurs savent mettre en relief un art local qui ne manque pas de saveur. On peut signaler encore deux bonnes revues, Illustrats Zurnals & Latvijas Saule, ainsi que les albums en cuir repoussé du relieur Haffelberg.

Les participations réduites de la Principauté de Monaco & de la Turquie ne pouvaient donner une idée de l'art & de l'industrie du livre dans ces pays.

AUTRICHE. — Le Guide édité par la Commission exécutive de la Section rappelle à juste titre que l'Autriche est « dans l'avant-garde du mouvement moderne des arts décoratifs ».

On y lit aussi que, dès la fin du xviiᵉ siècle, l'État s'était fait un devoir « de favoriser, tant par l'institution d'un enseignement spécial que par des subsides, ces métiers artistiques établis sur une heureuse collaboration de la main-d'œuvre & du génie créateur ».

A l'Exposition de 1900, la participation autrichienne montrait franchement des tendances modernes.

Aussi peut-on regretter qu'en 1925 la plupart des éditeurs n'aient pas jugé à propos de présenter des œuvres originales.

Dans des genres différents, copies de manuscrits anciens & de gravures sur acier du xviiiᵉ siècle, estampes en couleur, la Maison d'édition Avalun Verlag, la Société d'industrie graphique de Vienne, A. Krampolek, éditeur du Catalogue autrichien, d'autres encore, ont exposé de parfaites impressions, obtenues par les procédés les plus divers.

Les reliures de l'atelier Larisch, curieuses dans leur simplicité voulue, retenaient l'attention du bibliophile autant que celle du technicien.

BELGIQUE. — Dans le domaine du livre, aucun pays, plus que la Belgique, ne se rapproche de nos conceptions, tout en conservant son caractère propre. Sans outrance, mais avec netteté, l'âme belge se révèle dans de beaux volumes délicatement illustrés, parés d'une riche reliure.

L'art & l'industrie du livre en Belgique sont, en partie, redevables de leur expansion à la fondation du Musée du Livre, en 1906. Par les cours, les expositions, la propagande qu'il organise, par les importantes collections qu'il a constituées, par sa Maison du Livre qui est le siège des grandes Associations professionnelles, il exerce la plus heureuse influence. Le Musée du Livre exposait, parmi de nombreuses publications d'art, un magnifique in-quarto sur l'Enseignement Professionnel en Belgique, dont les encadrements de rinceaux & de feuillages étaient coupés d'amusants motifs dessinés par Van Offel. Les lettrines & la typographie, d'une parfaite netteté, formaient un ensemble harmonieux.

Cinq Grands Prix ont été, à juste titre, accordés aux exposants belges de la Classe 15. L'une de ces récompenses a été décernée à la Collectivité de la Fédération Patronale Belge, dont l'exposition dans le Pavillon d'Honneur & au rez-de-chaussée du Grand Palais groupait la plupart des importantes maisons de typographie, de photogravure & d'édition de la Belgique.

Les Établissements Jean Malvaux pratiquent les procédés les plus modernes de la reproduction : typogravure, photogravure, photo-chromogravure, photolithographie. Chargés par l'Édition de l'Œuvre Nationale de graver les fac-similés en couleurs des précieuses miniatures des *Heures de Notre-Dame* & des *Très belles Heures du Duc de Berry,* ils ont donné un exemple intéressant des possibilités actuelles de ces techniques. Ils les mettent également en œuvre pour l'illustration de catalogues & d'ouvrages modernes de critique d'art.

La Société J. E. Goossens présentait *Les Heures d'Après-midi,* de

Verhaeren, illustrées de bois en couleurs par Claes-Thobois. Dans *La Princesse Maleine* de Maeterlinck, destinée à la société de bibliophiles Les Cinquante, les bois en couleurs gravés par Tielemans matérialisent ce monde d'étranges synthèses qu'évoquent les termes vagues & mystérieux du texte.

Les envois de l'Imprimerie Buschmann se faisaient remarquer par la variété des caractères, l'antique, le Plantin, le Nicolas-Cochin & les différents Elzévirs, l'originalité des formats, la beauté des papiers employés, vélins & vergés blancs, crèmes ou nacrés, featherweights, papiers du Japon & de Madagascar. Si l'illustration de ces ouvrages utilisait des techniques très diverses, planches gravées sur zinc & enluminées à la main ou coloriées au pochoir, bois en noir ou en deux tons, on retrouvait dans l'inspiration des éléments communs : le sens de l'unité décorative de la page, le goût moderne des hardiesses, voire des singularités, en même temps qu'une recherche de la naïveté des vieux imagiers dont le poète-graveur Max Elskamp, dans son *Alphabet de la Vierge,* a repris la tradition.

Le Paradis des Conditions humaines, de J. R. Bloch, avec ses bois gravés & enluminés par Henri Van Straten, *Lumière,* de G. Duhamel, illustrée de bois en couleurs par J. Cantré, sont caractéristiques de ces tendances complexes.

La Fonderie Typographique Van Loey-Nouri, les Établissements Plantin, qui exposaient des spécimens de caractères, sont restés dignes de leur renommée.

Les relieurs ont fait effort pour donner à leurs œuvres un aspect moderne. Desamblanx, qui obtint un Grand Prix, était l'auteur de riches mosaïques. Dans celle des *Croix de Bois,* aux incrustations de maroquin blanc sur fond brun, il ne s'est pas interdit des recherches suggestives, qui font de cette couverture comme une première illustration du texte.

DANEMARK. — Grâce à la vigoureuse impulsion d'Hendriksen & de ses collaborateurs, le Danemark, dès l'Exposition de 1900, présentait toute une collection d'ouvrages & de reliures d'une incontestable valeur.

Les exposants, en 1925, étaient nombreux & le mérite des œuvres montrait que la production danoise a conservé sa qualité, tout en renouvelant son style.

Parmi les éditeurs, la Société du Livre obtint un Grand Prix; la maison Martins Forlag exposait des œuvres de Victor Hugo sous des couvertures de Poul Saebye dont le décor s'inspirait des gargouilles de Notre-Dame; Petersen & Petersen, Haase & Fils, la Selskabet for Grafisk Kunst, bien d'autres encore, donnaient des preuves de leur goût & de leur esprit de recherche.

Au point de vue de la lettre, les ouvrages présentaient une variété d'autant plus grande que la typographie, au Danemark, est encore partagée entre les caractères romains & les caractères gothiques qui lui furent longtemps imposés. On remarquait entre autres un charmant petit volume édité par Christensen, de style archaïque, avec de curieuses lettrines en couleurs.

Les deux plus grands illustrateurs danois, ceux qui, depuis vingt ans, ont le plus contribué à la décoration du livre d'art, sont peut-être les frères Joakim & Niels Skovgaard. Le premier exposait notamment des reproductions de ses vitraux pour la cathédrale de Viborg.

Les lithographies de Willumsen, à qui fut décerné un Grand Prix, montraient, par leur clarté & leur hardiesse, sa volonté de rajeunir la tradition. Rénovateur de la feuille d'art lithographique, c'est à lui que l'on doit, pour une large part, la renaissance de l'affiche. Un autre maître de l'affiche, Valdemar Andersen, témoignait, dans le *Robinson Crusoé* édité par Steen Hasselbalch, de sa fraîcheur d'imagination & de sa simplicité savante. Citons encore Ernst Hansen & ses illustrations pour le *Völvens Spaadom* d'Olaf Hansen, édité par la Selskabet for Grafisk Kunst. Stylisées comme une mélodie populaire, elles évoquent en quelques traits les héros de la légende.

Enfin les vignettes, les pages de couvertures & les hors-texte composés par Axel Nygaard pour les éditions V. Pio étaient d'une délicatesse raffinée.

Nygaard & Andersen avaient dessiné de fort belles reliures. Celles d'Arne Jacobsen se distinguaient par leurs audaces, notamment une couverture de vélin clair semée d'étoiles, parmi lesquelles serpentait la voie lactée, incrustée en or. Chez Anker Kyster l'habileté technique était mise au service d'une conception plus classique; un de ses décors les meilleurs empruntait ses motifs géométriques à la broderie nationale du **Groënland**.

GRANDE-BRETAGNE. — La participation britannique à la Classe du livre montrait par le nombre des exposants & par le niveau des œuvres l'activité avec laquelle se poursuivent les progrès déjà accomplis depuis plus d'un demi-siècle. Plus de soixante maisons d'éditions étaient groupées dans les salles du Pavillon National & dans les stands du Grand Palais.

La typographie nette & élégante, la qualité du papier, le soin apporté dans la décoration des cartonnages simplement entoilés comme dans le somptueux habillement des maroquins, l'équilibre des pages, la proportion des marges, le style des encadrements, atteignaient la perfection & donnaient même aux éditions courantes un cachet de luxe. Le Grand Prix attribué à l'ensemble de la Section anglaise a rendu un juste hommage à ces mérites d'exécution.

L'inspiration des artistes, illustrateurs ou relieurs, ne semble pas, en général, avoir subi une évolution aussi rapide que dans d'autres pays. Il leur était difficile de se dégager complètement d'une tradition qui pouvait invoquer tant de belles œuvres. La plupart d'entre eux suivent les voies déjà tracées par Kaldecott, Kate Greenaway, Anning Bell, Charles Robinson, William Nicholson, Aubrey Beardsley, Arthur Gaskin & leurs émules, dessinateurs délicats ou coloristes charmants.

La Baynard Press était, parmi les maisons d'éditions représentées, l'une de celles qui font le plus d'efforts pour renouveler leurs formules. Ses affiches, ses catalogues, ses écussons montraient une réelle originalité. Les œuvres très variées qu'exposait la vénérable Oxford University Press, fondée en 1468, attestaient une belle maîtrise & parfois des conceptions modernes, comme les amusantes *Fables d'Ésope.* La Medici Press présentait, outre d'intéressants spécimens de typographie, une magnifique *Odyssée* & une édition des *Idylles de Théocrite,* sur de somptueux papiers à la forme.

L'éditeur William Heinemann faisait admirer entre autres *The sensitive Plant* de Shelley, avec les frais dessins de Charles Robinson & une délicieuse reliure, l'*Histoire d'Hassan de Bagdad,* de James Elroy Flecker, pour laquelle Thomas Mackenzie avait composé une illustration évocatrice.

La maison Chatto & Windus recherche la perfection typographique : on a pu le constater dans les œuvres de Boccace & de Byron qu'elle exposait. Elle présentait aussi *Nothing or the Bookplate,* avec les savoureux ex-libris de Gordon Craig.

Mrs Webb était l'auteur d'une curieuse reliure pour la *Mort d'Arthur,* de Mallory, exécutée en peau de porc noire. Aux branches d'un chêne sont suspendus les neuf blasons d'Arthur & de ses compagnons; un cerf & un chevreuil se tiennent droits sur leurs pattes sveltes au pied de l'arbre. Ce thème médiéval était imposé par le sujet même de l'ouvrage. La couverture composée par Mrs Sybil Pye pour les *Poèmes de Keats,* édités chez Wale, était d'allure toute différente & sacrifiait au cubisme. Miss Madeline Kohn exposait des reliures de maroquin d'une inspiration très personnelle, entre autres celle de la *Porte des Rêves,* aux motifs noirs sur fond rouge.

ITALIE. — Comme à la Grande-Bretagne, on pourrait peut-être reprocher à l'Italie d'avoir été en 1925 la fidèle imitatrice des créations anciennes, en particulier dans le domaine de la typographie. La majorité des œuvres attestaient en effet le désir de reconstituer les livres de jadis en appliquant les procédés modernes. Un petit nombre seulement nous rappelait que l'Italie possède aussi des novateurs profondément originaux.

Parmi les maisons adonnées à la reproduction des modèles anciens, il faut citer la firme milanaise Modiano e C., qui présentait de beaux ouvrages composés en « Nicolas Jenson ». *La Vita nuova,* de Dante, in-folio avec enluminures, édité par l'Institut italien des Arts Graphiques, était un chef-d'œuvre de technique. Les Éditions Bertieri & Vanzetti, qui ont obtenu un Grand Prix, exposaient un in-quarto, *Il Carattere umanistico,* dans lequel on pouvait admirer ce type renouvelé du xvᵉ siècle.

L'*Eroica* de Milan, qui montrait une œuvre magnifique, *L'Anima & l'Arte di Pietro Gaudenzi,* d'Ettore Gozzani, représentait, au contraire, les tendances modernes. *I Canti di Mélitta,* de Giuseppe Liparini, édités par Zanichelli, avaient été illustrés par Antonello Moroni de gravures sur bois en plusieurs tons, d'une facture brillante. La Société Ricordi e C., dont les innovations en matière de gravures & d'impressions musicales sont nombreuses, exposait notamment une très belle édition du *Nerone* de Boïto.

La reliure offrait une grande variété, depuis les riches étoffes qui formaient la couverture de la *Vita Nuova* jusqu'aux maroquins mosaïqués de Del Zoppo & au parchemin rehaussé d'or par Moroni, destiné à protéger le recueil d'ex-libris édité par Zanichelli; G. & P. Alinari, Gozzi, la Bottega di Poesia se signalaient également par leur bon goût & leur esprit novateur.

PAYS-BAS. — L'exposition de la Section hollandaise en 1925 a montré que l'amour de la bibliophilie demeurait toujours très vif en ce pays de belles éditions.

J. Van Krimpen, à qui fut décerné un Grand Prix, exposait un manuscrit sur parchemin qui donnait une idée de son habileté & de son érudition; il avait composé la typographie du bel album exécuté à l'occasion de l'Exposition avec des caractères Lutetia dessinés par lui & fondus par Enschedé & Zonen. A. Stols, qui obtint également un Grand Prix, présentait un ouvrage d'une harmonieuse mise en pages, dont les caractères délicats, les initiales sobres, originales, s'accordaient fort heureusement avec les bois de Henri Jonas.

A. J. Der Kinderen, dans l'illustration de *Gijsbrecht van Aemstel,* J. Th. Toorop, dans sa couverture lithographiée de la revue *Wendingen,* alliaient le mysticisme à l'esprit novateur. Roland Holst exposait, lui aussi, une couverture de la même revue, pour laquelle il avait composé un curieux décor avec des masques de théâtre. Le calendrier lithographié de Th. Van Hoytema formait un ensemble amusant.

Les reliures de C. A. Lion Cachet, G. W. Dijsselhoff, T. Nieuwenhuis, d'une conception traditionnelle, se faisaient remarquer par leur richesse, la complexité de leurs motifs, la délicatesse de leur exécution.

POLOGNE. — La Section polonaise montrait qu'une inspiration purement nationale peut conduire à des œuvres d'aspect franchement moderne.

L'Exposition organisée au Grand Palais par Ladislas Skoczylas comprenaitÀ la fois des affiches, des estampes, des spécimens de typographie, des reliures, des livres complets. C'étaient, la plupart du temps, les mêmes artistes qui avaient exercé leur fantaisie dans ces productions diverses.

En dehors de la forte personnalité de L. Skoczylas, dont la verve se déployait dans des illustrations pour *Légende* de Ladislas Reymont, & *Le Couvent & la Femme* de Wasylewski, peu de talents offraient des caractères aussi accusés que celui de Sophie Stryjenska. On constatait dans ses images la même fraîcheur, le même sens du pittoresque local, des costumes, des décors traditionnels que dans ses jouets, ses tapisseries, ses peintures du Pavillon polonais. C'est au coloris des premiers Ballets russes, c'est aussi à certains maîtres japonais que font songer ces adroites compositions, dont on ne saurait cependant nier l'originalité.

Les tendances nationales des autres illustrateurs polonais, le pittoresque de la mise en pages & des caractères, donnaient à l'ensemble de la Section une incontestable unité. La volonté de continuer une tradition était si forte que des œuvres d'une modernité hardie ne paraissaient pas déplacées à côté des reproductions de documents anciens, tels que le *Pacte d'Horodlo* ou l'incunable des *Conversations du Roi Salomon.*

Le talent varié du relieur Bonaventure Lénart n'était pas moins agréable dans sa mosaïque de maroquin pour ce dernier ouvrage que dans les décors plus neufs dont il avait orné la couverture & les gardes de *La Vistule* de Zeromski.

Sous une couverture parée de motifs symboliques empruntés aux légendes populaires, la Société de l'Art appliqué polonais présentait un exemplaire de la revue qu'elle publie. Cette société continue à jouer un grand rôle dans l'activité des arts décoratifs en Pologne.

SUÈDE. — La participation suédoise se distinguait par son élégance & son goût. Si les œuvres reflétaient des inspirations dissemblables, elles attestaient presque toutes les mêmes mérites d'exécution. Aussi la Suède a-t-elle obtenu, malgré le nombre restreint de ses exposants, 17 récompenses, dont 3 Grands Prix.

Les envois des Éditions Norstedt & Söner, fondées il y a plus d'un siècle, se faisaient remarquer aussi bien par la beauté de la typographie que par l'homogénéité du texte & de l'illustration, l'un & l'autre sacrifiant assez souvent à l'archaïsme. Un Grand Prix fut décerné à la Maison Norstedt & Söner; un autre à Akke Kumlien, son directeur artistique. Celui-ci adopte en général le «Nicolas-Cochin» pour ses textes; toujours heureusement inspiré dans la composition des encadrements & des initiales, il les imprime volontiers dans un brun rouge séduisant. La froideur distinguée de ses frontispices révèle l'influence de l'art classique français.

Un autre éditeur de Stockholm, Albert Bonnier, semble avoir porté son principal effort sur l'illustration. Il se montre éclectique dans le choix des artistes. Les œuvres exposées donnaient une idée des talents si différents d'Yngve Berg, Eigil Schwab, Kurt Jungstedt, Bertil Lybeck. Les compositions d'Yngve Berg pour les poèmes bachiques de Bellmann, celles d'Eigil Schwab pour *Fridas Bok* retenaient particulièrement l'attention par la distinction & la sûreté du dessin.

La Société Bröderna Lagerström, qui avait imprimé le Catalogue de la Section suédoise dans un caractère d'une délicate netteté, présentait des livres de luxe dont le style sobre, sans affectation d'archaïsme ni outrance moderniste, valait par son équilibre & sa logique discrète.

On retrouvait les mêmes qualités dans les envois d'Almquist & Wiksell, mais avec une tendance plus traditionnelle. La maison Almquist & Wiksell, dont le siège est la vieille ville universitaire d'Upsal, est restée, suivant l'expression d'Erik Wettergren, «un pilier de la pureté classique» en matière de typographie. Toutefois, des ouvrages comme le *Rübezahl,* orné par J. Dunge de bois originaux, ou les poèmes d'Atterbom, aux élégants caractères, sont loin de la banalité ou de l'imitation servile du passé.

Les éditions de bibliophiles qu'exposait Oscar Isacson, les volumes imprimés à la presse à main par la Société Handpresstryckeriet, étaient illustrés de gravures sur bois, parmi lesquelles on remarquait surtout celles d'Arthur Sahlén. Elles attestaient, outre la perfection de la xylographie suédoise, le sens de l'unité nécessaire au décor du livre.

La Nordisk Rotogravyr, la Malmö Grafiska Anstalt, la Malmö Ljustrycksanstalt, représentaient l'industrie des reproductions chimiques & mécaniques. L'emploi de ces techniques mettait en valeur l'ouvrage d'Erik Wettergren, l'*Art décoratif moderne en Suède,* publié par le Musée de Malmö. Ce livre valut un Grand Prix à la Malmö Grafiska Anstalt, qui avait exécuté les clichés en couleurs. Les héliogravures étaient de la Malmö Ljustrycksanstalt, la typographie de Lundgrens Söner, la couverture de Norstedt & Söner, les vignettes d'Yngve Berg.

Les reliures manifestaient moins de tendance au renouvellement. Celles qu'avaient composées Akke Kumlien & Victor Aström, élève d'Hedberg, étaient classiques & d'aspect sobre. Elles étaient destinées à des éditions de prix modéré & même à des volumes à bon marché pour le grand public. La maison Norstedt & Söner a réussi à rénover la présentation de ce genre d'ouvrages : ses couvertures de toile ou de cuir, voire de carton, proscrivent rigoureusement l'illusoire imitation de plus riches matières.

Les charmantes reliures de Mlle Jenner, en papier imprimé à la main, contrastaient avec les parchemins aux motifs d'or de Nils Linde. Seul le décor cubiste composé & exécuté par Mlle Edith Welinder portait indubitablement la date de 1925.

SUISSE. — D'après le Catalogue Officiel de la Section, la Suisse serait, de tous les pays, celui qui, proportionnellement au chiffre de sa population, achèterait le plus de livres. Elle est obligée d'en importer en grande quantité, d'autant plus que la diversité des langues parlées sur le territoire helvétique nécessite, pour la plupart des ouvrages, une triple édition, allemande, française, italienne. Cette obligation, il est vrai, stimule la production nationale &, dans certaines catégories, la Suisse figure parmi les principaux exportateurs.

On lit dans le même document qu'en 1923 elle achetait à l'étranger pour une valeur de 7.226.000 francs suisses, dont 3.841.000 à l'Allemagne, 2.586.000 à la France & 799.000 aux autres pays. Elle exportait pour 2.207.000 francs : au premier rang de ses clients venait la France, avec 924.000 francs; l'Allemagne avait acheté pour 290.000 francs, les autres pays pour 993.000 francs. Ces chiffres ne comprennent pas les éditions musicales, pour lesquelles la Suisse est surtout tributaire de l'Allemagne. Pour les gravures, la valeur des importations s'élevait à 692.000 francs (Allemagne 382.000, France 116.000, autres pays 194.000), celle des exportations à 1.664.000 (Angleterre 236.000, France 204.000, autres pays 1.224.000). La production des livres imprimés en 1923 aurait été de 1.504 ouvrages, parmi lesquels 1.035 en allemand, 354 en français, 42 en italien.[1]

Les deux Grands Prix obtenus par la Section suisse furent décernés aux imprimeurs-éditeurs zurichois Fretz Frères & Orell-Fuessli. L'un & l'autre présentaient, à côté d'éditions de luxe, à la typographie simple & soignée, des spécimens d'impression commerciale, de lithographie, d'offset, de rotogravure. Leurs tendances les apparentaient aux productions les plus modernes de la Section française.

Pour la plupart aussi, les artistes apparaissaient dégagés des traditions : tels Fernand Giauque, auteur de fantaisistes & spirituelles gouaches pour les poésies de Jean Cocteau; Mlle Sophie Giauque, illustrateur d'Oscar Wilde; Henri Bischoff, dont les bois pour le *Neveu de Rameau* rappellent Daragnès; Pierre Gauchat, qui, dans *La Guérison des Maladies,* rend à merveille le mysticisme diffus de C. F. Ramuz & ses échappées lumineuses; Henry Meylan, Rudolph Urech, R. Muller.

Il serait injuste de passer sous silence les ouvrages imprimés à la presse à main par l'Officina Bodoni, la belle édition des *Images de mon Pays,* illustrée d'eaux-fortes en couleurs & de gravures sur bois par Edmond Bille, qui faisait honneur à la Maison Payot, de Lausanne.

Les reliures de Mlles Baud-Bovy, Hauser, Merz, Giacomini-Piccard & Favre-Bulle témoignaient de beaucoup de goût, de fantaisie & rappelaient, elles aussi, les œuvres exposées dans la Section française.

Tchécoslovaquie. — 7 Grands Prix furent décernés à la Section tchécoslovaque, la plus nombreuse de toutes les Sections étrangères à la Classe 15. L'importance de cette participation montrait la place exceptionnelle que la papeterie, l'impression & la gravure occupent dans l'activité économique de la Bohême & de la Moravie. La production de Prague, de Brno & de leurs faubourgs est d'ailleurs stimulée aujourd'hui par le fait que le tchèque est devenu la langue officielle d'un État peuplé & prospère. Les arts graphiques tchèques, qui se réclament de traditions séculaires, ont largement profité de ce développement industriel récent.

Les éditeurs, Česká Grafická Unie, Société Typografia, J. Stenc, Borovy, Société des Bibliophiles tchèques & Société tchécoslovaque des Collectionneurs d'ex-libris, présentaient surtout des revues ou des livres de luxe. On y remarquait, comme dans la Section polonaise, une synthèse des audaces contemporaines & des éléments empruntés au fonds national, avec un goût marqué pour la richesse & la complexité ornementales : initiales rouges, rehauts d'or, fleurons, hors-texte aux vivants coloris.

La perfection des spécimens exécutés par l'Imprimerie Nationale de Prague lui valut l'un des Grands Prix. Karel Dyrynk, son Directeur, exposait un charmant opuscule dont il est l'auteur, *Le Typographe parle des Livres*. Il en avait composé lui-même la lettre ; la décoration, titres & initiales, étaient de J. Benda. La même récompense fut décernée à l'Imprimerie Industrielle, que dirige M. Kalab. Parmi ses travaux on remarquait surtout la typographie de *Maj,* qui s'accordait à merveille avec les bois de Svolinsky.

Benda, Brunner, Kysela, tous trois professeurs à l'École des Arts Décoratifs de Prague, exercent sur les jeunes artistes une influence qu'expliquent facilement la fraîcheur & la variété de leur talent. Le premier, dans ses bois pour le *Saint Louis* de Joinville & ses reliures en parchemin blanc, le second, dans ses maroquins aux petits fers & ses illustrations pour les éditions *Livres du Cœur & de l'Esprit,* le troisième dans son originale décoration de l'adresse présentée à Ernest Denis & dans sa couverture pour *Le Centaure* & *La Bacchante* de M. de Guérin, donnaient des modèles d'un équilibre exempt d'académisme.

Parmi les artistes s'affirmait encore la personnalité de Max Svabinsky, auteur des planches de *Jak Byvalo v Kozlové,*, édité par Česká Grafická Unie. Adolf Kaspar, Hugo Boettinger, V. Silovsky, alliaient, dans un élégant compromis, les tendances étrangères & autochtones. Cyril Bouda, dans *Clérambault* de Romain Rolland & dans les *Trois Légendes sur le Christ en Croix* de Zeyer, déployait de puissants moyens d'expression. Les élèves du professeur Brunner avaient composé des reliures pittoresques, parfois un peu chargées.

U. R. S. S. — Les Éditions d'État (Gosizdat) occupaient la plus grande place dans l'exposition de l'U R. S. S. Instituées en 1919, elles absorbèrent la plupart des entreprises qui avaient été fondées au lendemain de la Révolution. Elles constituent un trust, qui fabrique lui-même une partie du papier qu'il emploie & possède des magasins & des dépôts dans toutes les villes importantes. D'après le Catalogue Officiel de la Section soviétique, le Gosizdat fournirait de 57 à 60 p. 100 de la production de l'Union; les autres établissements de l'État, les organisations des Syndicats, des Partis & des Coopératives, représenteraient 32 à 35 p. 100, les firmes d'éditions privées 8 p. 100. Le programme du Gosizdat pour l'année 1925 prévoyait un tirage mensuel de 75 à 80 millions d'exemplaires.

« En participant à l'Exposition, lisait-on dans le même ouvrage, le Gosizdat s'y présente également au nom de toutes les entreprises d'éditions qui existent dans l'U. R. S. S. » L'organisation du Gosizdat avait été confiée à I. Rabinovitch. On y voyait des spécimens de tous les genres de publications, depuis les ouvrages de luxe jusqu'aux tracts de propagande. On sentait un effort pour restaurer l'édition d'art, bien que le papier fût encore de qualité médiocre & que la typographie révélât peu de recherches. Les livres étaient souvent illustrés de reproductions photographiques, plus rarement de lithographies. La gravure sur bois semble moins en honneur que chez nous.

Si les arts graphiques russes sont, comme tout l'ensemble de cet immense pays, en pleine transformation, ils retiennent l'attention par leur originalité ethnique & par leur indéniable vitalité.

D'ailleurs les pouvoirs publics comptent beaucoup, pour l'avenir, sur la nouvelle Faculté des Arts graphiques, qui est destinée à former des techniciens de la lithographie, de l'eau-forte, de la gravure sur bois, des industries photo-mécaniques.

Le Gosznak, Manufacture de papier, d'insignes, de monnaies & de timbres de l'État, avait organisé une exposition spéciale au Grand Palais. On y voyait des portraits de Lénine & de Karl Marx filigranés dans la pâte à papier, des papiers-monnaie, des timbres-poste, des diplômes, avec les dessins originaux des artistes.

Comme les créateurs d'affiches, de maquettes de théâtre, de projets architecturaux, la plupart des illustrateurs se distinguaient par l'originalité de l'inspiration. Quelques-uns rappelaient encore les tendances antérieures à la Révolution & continuaient la tradition d'une sorte d'orientalisme russe. D'autres, au contraire, plus nombreux, étaient influencés par le cubisme & le constructivisme : ils recouraient à la juxtaposition de parties dessinées & d'éléments photographiés &, d'une manière générale, manifestaient le désir de renouveler la vision par le bouleversement du décor.

Dans la galerie du Grand Palais consacrée aux arts graphiques, Rodtchenko exposait des « photos-montages » & des couvertures de livres, Sterenberg des lithographies, des eaux-fortes & des gravures sur bois.

Les lithographies polychromes de Lebedieff pour *La Chasse,* celles de Smirnov, G. & O. Tchitchagova pour *Les Voyages de Charlot,* représentaient honorablement les éditions pour enfants. *L'Almanach de l'Art graphique* de D. Mitrokhine, avec ses planches en couleurs, la couverture de Nivinsky pour *Faust & la Ville* de A. Lounatcharski, les motifs ornementaux d'Altmann, donnaient une idée de la variété des tendances nouvelles.

L'un des deux Grands Prix qu'obtint la Section de l'U. R. S. S. fut décerné à V. Favorsky, dont on remarquait les gravures sur bois & l'ingénieuse converture pour les *Fictions en Géométrie* de P. Florensky. « Favorsky, écrit A. Sidoroff, a traversé différents degrés, en passant du primitivisme conscient à une manière compliquée & originale & en profitant de toutes les particularités de la technique de la gravure sur bois mieux qu'aucun autre de ses contemporains. Chef de toute une école, Favorsky peut prouver la vitalité de son style, non seulement par les vignettes originales de *Thamar* & de *Masques & Visages,* non seulement par une œuvre de jeunesse, les initiales classiquement exécutées pour *Les Opinions de Jérôme Coignard,* mais aussi par les œuvres de ses disciples : Gontcharova, Etcheistoff, Soloveitchik, Freiberg, Spinel. »

Kravtchenko, qui obtint également un Grand Prix, exposait des gravures sur bois où se révélait une imagination vive, servie par une technique expérimentée.

Yougoslavie. — La Section yougoslave était peut-être celle dont le caractère national était le plus accentué.

On était frappé par l'abondance des ouvrages calligraphiés sur parchemin ou papier à la forme, aux lettres pittoresques, rehaussés d'or ou enluminés de couleurs vives, revêtus de maroquin rouge ou noir, de tissus décorés au batik ou peints à la main, voire de fer forgé orné de pierreries. On admirait la richesse & l'étrangeté du *Livre commémoratif du Millénaire,* dont le texte manuscrit était l'œuvre d'Olga Hoecker, Z. Kerdić, A. Martineć.

Les éditeurs Vreme, de Belgrade, Tipografija, Savez Grafickih Radnika, Vasić, de Zagreb, exposaient des revues ou des ouvrages de luxe qui donnaient une idée de l'emploi, dans les deux grandes villes du pays yougoslave, des procédés industriels les plus récents.

Parmi les artistes, on remarquait l'originalité & la puissance évocatrice de Bozidar Jakać. Elles se révélaient surtout dans son interprétation de *Pisma,* recueil des poésies slovènes de A. Gradnik, dont il avait gravé sur bois le texte & l'illustration.

Tout concourt à accentuer l'homogénéité de la page. L'épaisseur, la singularité des lettres leur donnent une sorte de vie & prolongent la suggestion des images. Les planches subissent la déformation inverse : les silhouettes blanches ou noires qui s'y agitent sont des apparitions, presque des signes, plutôt que des êtres réels. La manière de Jakać possède un cachet d'intellectualité dont s'accommode parfaitement le décor du livre & la sûreté de sa technique fait présager en lui un des maîtres de la xylographie contemporaine.

Les reliures de T. Kralj, de A. Nedvekka, de l'Atelier Plećnik, témoignant d'une savoureuse fantaisie, rappelaient le rôle qu'ont toujours joué l'art & l'industrie du cuir sur les bords de l'Adriatique & de la Save.

PLANCHES

—

SECTION FRANÇAISE

COUVERTURE *pour* L'ILLUSTRATION.

Numéro du 31 octobre 1925.
Grille composée par H. FAVIER,
exécutée en fer forgé & doré par E. BRANDT *pour le Pavillon du Collectionneur.*

Molière : *LE BOURGEOIS GENTILHOMME.*
R. KIEFFER, éditeur. — Format : 14 × 19 cm.
Gravure sur bois originale par SIMÉON.

Diderot : *LES BIJOUX INDISCRETS.*

R. KIEFFER, *editeur.* — *Format* : 20 × 26 cm.
Gravure en taille-douce par SAUVAGE.

MÉMORIAL DE LA VIE DES MARTYRS

I

Si la pudeur était bannie du reste de la terre, elle se réfugierait sans doute dans le cœur de Mouchon.

Je le vois encore arriver, sur son brancard plein de petits cailloux, avec sa capote engluée de boue, et sa belle figure candide d'enfant bien élevé.

— Faut excuser, me dit-il, on ne peut pas être tout à fait propre...

39

Georges Dubamel : LA VIE DES MARTYRS.

KIEFFER éditeur. — Format : 16 × 25 *cm.*

DUCROS & COLAS imprimeurs. Caractères JENSON, fonderie bollandaise.

Gravure sur bois originale par G. BAUDIER.

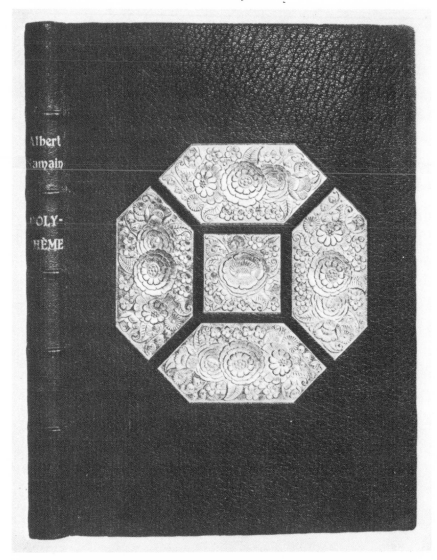

RELIURE pour Polyphème, *d'Albert Samain*
(ornementation florale modelée sur cuir) par René Kieffer.

COUVERTURE
pour une brochure industrielle
par l'IMPRIMERIE DE VAUGIRARD. — Format 15 × 24 cm.

SECTION FRANÇAISE.

Couperin : LES FOLIES FRANÇAISES.

Léon PICHON éditeur. — Format : 22 × 28 cm.
Dessin de Maxime DETHOMAS, gravé sur bois par Léon PICHON.

POÉSIES DIVERSES.

STANCES
SUR LE MIROUER DE M. D. L. B.

Aussy bien qu'en la terre basse,
Au ciel la jalousie a place,
Et saisist quelque fois les dieux.
Ce mirouer en rend tesmoignage,
Rompu par la jalouse rage
D'un dieu de son aise envieux.

Madeleine de l'Aubespine : *CHANSONS DE CALLIANTHE.*

Leon PICHON imprimeur & éditeur. — Format : 20 × 26 cm.
Caractères ELZÉVIR CASLON, corps 16.
Gravure sur bois originale par Paul VÉRA.

LES DERNIERS MOMENTS
ET LA MORT.

DE L'ÉLECTION
DE SON SÉPULCRE.

ODE.

Antres, et vous fontaines,
De ces roches hautaines
Qui tombez contre-bas
D'un glissant pas ;

LA MUSE DE RONSARD.

Léon Pichon imprimeur & éditeur. — Format 1 20 × 26 cm.
Caractères Elzévir Caslon, corps 12.
Gravure sur bois originale par Carlègle.

CHAPITRE XIII.

COMMENT GRANDGOUSIER CONGNEUT L'ESPERIT MERVEILLEUX DE GARGANTUA
A L'INVENTION D'UN TORCHECUL

 SUS la fin de la quinte année, Grandgousier, retournant de la defaicte des Ganarriens, visita son filz Gargantua. Là fut resjouy comme un tel pere povoit estre voyant un sien tel enfant, et, le baisant et accollant, l'interrogeoyt de petitz propos pueriles en diverses sortes. Et beut d'autant avecques luy et ses gouvernantes, esquelles par grand soing demandoit, entre aultres cas, si elles l'avoyent tenu blanc et nect. A ce Gargantua feist response qu'il y avoit donné tel ordre qu'en tout le pays n'estoit guarson plus nect que luy.

« Comment cela? dist Grandgousier.

— J'ay (respondit Gargantua) par longue et curieuse experience inventé un

Rabelais : GARGANTUA.

Léon PICHON imprimeur & éditeur. — Format : 22 × 28 cm.
Caractères JENSON, corps 12, NEBIOLO fondeur.
Gravure sur bois originale par HERMANN-PAUL.

TRIOMPHE
DE
LA PUDICITÉ.

LORSQUE, sous un seul joug, en un seul moment, là,
 j'eus vu des dieux l'arrogance domptée, —
  et des hommes qui sont pour le monde des dieux, —
je pris, de leur état méchant, exemple,
 en faisant du malheur des autres mon profit,
 pour consoler mes infortunes et mes peines.

Pétrarque : LES TRIOMPHES.

Léon PICHON *imprimeur & éditeur.* — *Format :* 20 × 26 *cm.*
Caractères ELZÉVIR CASLON, *corps 16.*
Gravure sur bois originale par Alfred LATOUR.

SECTION FRANÇAISE.

ALFRED DE VIGNY

DAPHNÉ

CHEZ F.-L. SCHMIED
PEINTRE-GRAVEUR-IMPRIMEUR
RUE HALLÉ 74 bis PARIS 1924.

Alfred de Vigny : DAPHNÉ.

Typographie, illustration gravée sur bois & impression par F.-L. SCHMIED.
Format : 23 × 31 cm.

SECTION FRANÇAISE.

Je vais me rendre à Daphné dans la soirée. J'ai voulu t'écrire ce que je craindrais de te conter, de peur de montrer à tes yeux et à ceux de les amis une douleur digne de trop de pitié et de dédain : Julien a vécu. En capitaine habile, il a passé le Tigre, mis la flotte en sûreté, rallié son armée à celle de Victor, pris la place de Mao-Gamal-Kan. Nous marchions sur Ctésiphon. Des Barbares réfugiés accueillis par Julien avec trop de bonté l'ont trahi. La flotte a été incendiée. La famine a décimé l'armée. On en était venu à distribuer les provisions des comtes et des tribuns. Julien leur donna l'exemple en partageant les siennes avec ses soldats. Dans la nuit du vingt-cinquième au vingt-sixième de Junius, il s'est levé comme de coutume, sous sa tente, pour écrire sur une question de théologie qui nous avait occupés toutes les nuits précédentes. Il voulait mettre les hôpitaux qu'il a fondés sous la protection de Cybèle, et l'hospice des pauvres sous celle de Cérès-Déo, et écrivait le détail de cet édit qu'il de-

Alfred de Vigny : DAPHNÉ.

Typographie, illustration gravée sur bois & impression par F.-L. SCHMIED.
Format : 23 × 31 cm.

SECTION FRANÇAISE.

EAU-FORTE
par COPPIER.
Format : 45 × 62 cm.

CHARLES BAUDELAIRE
—

LES FLEURS
DU MAL

ÉDITION PUBLIÉE SUR LES ORIGINAUX
PAR
AD. VAN BEVER
—

PORTRAIT DE L'AUTEUR GRAVÉ SUR BOIS PAR G. AUBERT

PARIS
LES ÉDITIONS G. CRÈS & Cie
21, RUE HAUTEFEUILLE, 21
—
MCMXXIII

Baudelaire : *LES FLEURS DU MAL.*
G. Crès & Cie *éditeur.* — *Format :* 24 × 29.

REVUE DE L'ART ANCIEN ET MODERNE.
Numéro de février 1925. — Format : 22 × 30 cm.
Reproduction en trichromie d'une aquarelle de BAKST *pour un costume de* « La Belle au Bois dormant »
d'après L'ŒUVRE DE LÉON BAKST,
M. DE BRUNOFF *éditeur.*

l'arrivée des canadiens.

    on les savait chevaleresques et soldats d'une rare endurance, mais on ne les croyait pas d'apparence si pittoresque. chapeaux de cow-boys, chevaux luisants qui plastronnent. cavalcade plutôt. on dirait : le cirque barnum est dans nos murs.

Boulestin : *DANS LES FLANDRES BRITANNIQUES.*

DORBON éditeur. — Format : 25 × 33 cm.
L'HOIR imprimeur. Caractères NOVISSIMA, NEBIOLO fondeur.
Dessin par LABOUREUR.

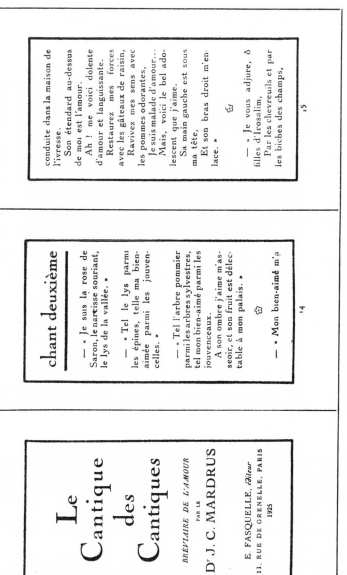

chant deuxième

— « Je suis la rose de Saron, le narcisse souriant, le lys de la vallée. »

— « Tel le lys parmi les épines, telle ma bien-aimée parmi les jouvencelles. »

— « Tel l'arbre pommier parmi les arbres sylvestres, tel mon bien-aimé parmi les jouvenceaux.

A son ombre j'aime m'asseoir, et son fruit est délectable à mon palais. »

✿

— « Mon bien-aimé m'a

14

conduite dans la maison de l'ivresse.

Son étendard au-dessus de moi est l'amour.

Ah ! me voici dolente d'amour et languissante.

Restaurez mes forces avec les gâteaux de raisin,

Ravivez mes sens avec les pommes odorantes,

Je suis malade d'amour...

Mais, voici le bel adolescent que j'aime.

Sa main gauche est sous ma tête,

Et son bras droit m'enlace. »

℘

— « Je vous adjure, ô filles d'Irosalim,

Par les chevreuils et par les biches des champs,

15

LE CANTIQUE DES CANTIQUES,
traduit par le Docteur Mardrus.
FASQUELLE éditeur. — Format : 8 × 13 cm.
CRÉMIEU imprimeur.

LE TROISIÈME LIVRE
des monogrammes,
cachets, marques & ex-libris
Composés par
George Auriol

Henri Floury
4. Rue de Condé
PARIS 1924

COUVERTURE
pour LE TROISIÈME LIVRE DES MONOGRAMMES, CACHETS, MARQUES & EX-LIBRIS
COMPOSÉS PAR GEORGE AURIOL.
G. KADAR imprimeur. LES ANCIENS ÉTABLISSEMENTS GILLOT graveurs.
H. FLOURY éditeur. — Format : 14 × 19 cm.

E. des Courières : VAN DONGEN.

H. FLOURY éditeur. — Format : 20 × 26 cm.
Fac similé de PRIÈRE *par* VAN DONGEN.

GRAVURE SUR BOIS
par E. DE RUAZ.
Format : 42 × 54 cm.

RELIURE
pour les CONTES d'Albert Samain
par CANAPE.

COUVERTURE

pour V*ARIATIONS*, QUATRE-VINGT-SIX MOTIFS DÉCORATIFS, *par* B*ÉNÉDICTUS.*
Éditions de la L*IBRAIRIE* C*ENTRALE DES* B*EAUX*-A*RTS* *(Albert* L*ÉVY).*
Format : 38×50 *cm.*

Peut-être ne renferme-t-elle que des cendres, des cendres d'où renaissent, pour que l'art les évoque, les belles ombres romanesques qui furent jadis peut-être Cléopâtre d'Égypte ou Bérénice de Judée, la Portia de Shakespeare, la Sanseverina de Stendhal ou celle qu'il vous plaira d'imaginer.

C'est à ce beau voyage que je vous convie. Vous l'allez faire à votre tour. Je vous ai dit les rêveries qu'il m'a suggérées et je vous laisse maintenant à la vôtre. Remerciez en l'artiste délicat qui vous en offre le prétexte en cet octave de jardins où résonnent huit notes différentes de couleur et de lumière. Écoutez chacune d'elles en silence et gardez en votre souvenir leur harmonieux accord.

Henri de Régnier

LES JARDINS PRÉCIEUX par R. Charmaison.
Préface par H. de Régnier.
J. Meynial éditeur (Collection Pierre Corrard). — Format : 33 × 48 cm.
Grand Papier du Japon de la Manufacture de Shidzuoka.
Illustration de l'auteur, enluminée au pochoir par Saudé.

LES JARDINS PRÉCIEUX par R. CHARMAISON.
Préface par H. de Régnier.
J. MEYNIAL *éditeur (Collection Pierre* CORRARD*). —* Format : 33 × 48 cm.
Grand papier du Japon de la Manufacture de SHIDZUOKA.
Illustration de l'auteur, enluminée au pochoir par SAUDÉ.

et un monstre marin arrivait aussitôt, mettant en fuite les espiègles petits poissons.

• Enfin, dans un village, j'ai vu pleurer Cendrillon. Ses deux sœurs venaient de la quitter pour aller à la noce : mais, pour la consoler, les fleurs de son jardin se mettaient à danser ensemble,

et ce bal était si beau que la pauvre petite délaissée ne regrettait plus d'être restée toute seule à la maison.

• Cendrillon essuyait ses larmes et s'asseyait alors sur une

47

LA BELLE HISTOIRE QUE VOILA par A. Hellé.

Berger-Levrault éditeur. — Format : 24 × 32 cm.
Illustration colorée au patron par l'auteur.

faire que ce maître fût courroucé à eux, et sachant
qu'il prenoit sur-tout grand plaisir à son jardin,
délibéra de le gâter et diffamer tant qu'il pourroit.
Or, s'il se fût mis à couper les arbres, on l'eût pu
entendre et surprendre; il pensa donc de plutôt

229

Longus : DAPHNIS ET CHLOÉ, *traduction de P.-L. Courier.*

Ambroise VOLLARD *éditeur. — Format :* 24 × 30 cm.
IMPRIMERIE NATIONALE, *caractères* GRANDJEAN.
Lithographie originale de P. BONNARD, *tirée par* A. CLOT.

CE QUE DISENT NOS MORTS

Il n'est pas besoin de rappeler le souvenir de ceux qui nous furent chers & ne sont plus, à notre peuple qui passe, non sans raison, pour célébrer avec ferveur le culte des morts. N'est-ce pas en France, au dix-neuvième siècle, qu'est née cette philosophie qui met au rang des premiers devoirs de l'homme la reconnaissance envers les générations qui nous ont précédés dans la tombe, en nous laissant le fruit de leurs pensées & de leurs travaux? Certes la religion des

Anatole France : CE QUE DISENT NOS MORTS.

HELLEU & SERGENT *(éd. Édouard* PELLETAN*) éditeurs.* — *Format :* 24 × 31 *cm.*
IMPRIMERIE NATIONALE.
Illustration par Bernard NAUDIN.

❧❧ LA TERRE ET L'HOMME ❧❧

une heure. Les sentiments qui nous la rendent ou douce, ou du moins tolérable, naissent d'un mensonge et se nourrissent d'illusions.

Si, possédant, comme Dieu, la vérité, l'unique vérité, un homme la laissait tomber de ses mains, le monde en serait anéanti sur le coup et l'univers se dissiperait aussitôt comme une ombre. La vérité divine, ainsi qu'un jugement dernier, le réduirait en poudre.

Nous avons mangé les fruits de l'arbre de la science, et il nous est resté dans la bouche un goût de cendre. Nous avons exploré la terre; nous nous sommes mêlés aux races noires, rouges et jaunes, et nous

Hésiode : *LES TRAVAUX ET LES JOURS.*   Anatole France : *LA TERRE ET L'HOMME.*

HELLEU & SERGENT (éd. Édouard PELLETAN) éditeurs. — Format : 20 × 27 cm.
IMPRIMERIE NATIONALE.
Gravure sur bois originale par Paul-Émile COLIN.

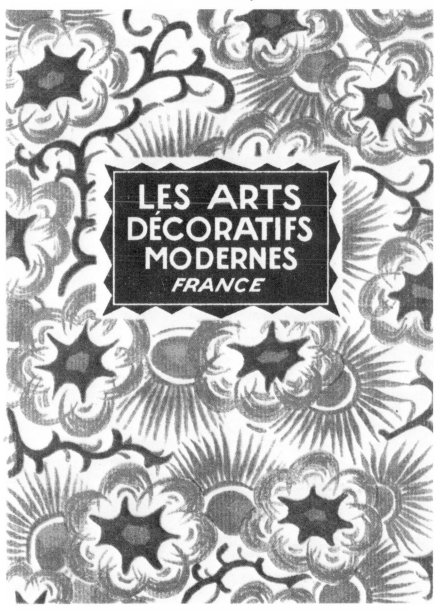

COUVERTURE pour LES ARTS DÉCORATIFS MODERNES, *de G. Quénioux,*
par Mlle Hugo.
LAROUSSE éditeur. — Format : 20 × 27 cm.

LITHOGRAPHIE
par Maurice NEUMONT.
Format : 50 × 65 cm.

8ᵉ ANNÉE. Nᵒ 9   DIRECTEUR·HENRY·LAPAUZE   SEPTEMBRE 1925

LA RENAISSANCE
DE L'ART FRANÇAIS
ET DES INDUSTRIES DE LUXE

PAVILLON DE LA RENAISSANCE
DE L'ART FRANÇAIS ET DES INDUSTRIES DE LUXE
A L'EXPOSITION INTER·ᵈᵉˢ ARTS DECORATIFS 1925

10 Rue Royale Paris
Téléph Louvre 33·63

Abonnement | France 75ᶠ
12 Numéros | Étranger 100ᶠ

COUVERTURE pour La Renaissance de l'art français & des industries de luxe.

Numéro de septembre 1925. — Format : 24 × 32 cm.
Le Pavillon de la Revue à l'Exposition.

AFFICHE pour Vogue
(dessin rebaussé à la gouache)
par Mario Simon.
L. Vogel éditeur.

MALBROVGH
S'EN VA-T-EN GVERRE

Au peuple de France héroïque et doux.

MORBLEU! vous m'expliquerez, madame, comment il se fait que je vous surprenne tout de noir habillée. Également je veux tirer au clair l'imposture de ce page qui prétend m'avoir vu porter en terre par quatre-z-officiers! Mes quatre-z-officiers sont morts comme des braves; leur âme à Dieu! ils n'ont cure d'un tel mensonge. D'abord je satisferai au plus pressant besoin du voyageur et du soldat, qui est, vous le savez je pense, de raconter ses aventures. D'autant que les miennes méritent par leur rareté, si vous ne trouvez pas de plaisir à les écouter, que du moins vous en preniez la peine, mironton, mirontaine! »

Louis Artus : MALBROUGH S'EN VA-T-EN GUERRE.

Éditions du JARDIN DE CANDIDE. — Format : 19 × 26 cm.
*R. COULOUMA (H. BARTHÉLEMY) imprimeur. Caractères ELZÉVIR CASLON, corps 16.
Dessin de Maximilien VOX gravé sur bois par Lucien BERTAULT.*

CHARLES-LOUIS PHILIPPE

LA MÈRE ET L'ENFANT

ILLUSTRÉ PAR DESLIGNÈRES

EDITIONS DE
LA NOUVELLE REVUE FRANÇAISE
35 & 37, RUE MADAME, PARIS. 1920

Charles-Louis Philippe : *LA MÈRE ET L'ENFANT*

Éditions de la Nouvelle Revue française. — Format : 19 × 23 cm.
R. Coulouma (H. Barthélemy) imprimeur. Caractères *Vieux Romains*, corps 16
Gravure sur bois originale par A. Deslignères.

VÉNUS ET ADONIS

PLEUREZ! Le beau sang d'Adonis a rougi la terre!
Les Nymphes des bois, claires comme les saules,
les Naïades des eaux, transparentes comme l'air, et les
femmes d'Hellas, pâles sous leurs cheveux, l'ont pleuré,
toutes.

Pleurez! mais qu'importe à celui-ci qui fut si beau,
et la mort ténébreuse, et les sanglots des femmes,
puisque ses lèvres ont frissonné sous le baiser de l'Im-
mortelle, pareilles, ses lèvres, aux fleurs sanglantes qui
devaient naître de sa chair mystérieuse.

H. de Régnier : *SCÈNES MYTHOLOGIQUES.*

Éditions LE LIVRE. — Format : *14 × 19 cm.*

R. COULOUMA (H. BARTHÉLEMY) imprimeur. Caractères ELZÉVIR, corps 12.

Eau-forte originale de MARTY, tirée par X. HAVERMANS.

Toute! Mais toute à moi, maîtresse de mes chairs,
Durcissant d'un frisson leur étrange étendue
Et dans mes doux liens, à mon sang suspendue,
Je me voyais me voir, sinueuse, et dorais
De regards en regards, mes profondes forêts.

J'y suivais un serpent qui venait de me mordre.

Paul Valéry : *LA JEUNE PARQUE.*

ÉMILE-PAUL éditeur. — Format : 25 × 33 cm.
Gravure en taille-douce par DARAGNÈS.

PRENEZ

une soie noire et
un velours noir
issus de la même
cuve, leur noir
n'est pas le même,
Ils ont une *couleur*
différente; c'est
ainsi qu'il faut
entendre la cou-
leur d'un texte.

LE CARACTÈRE FRANÇAIS DIT DE TRADITION.

Deberny & Peignot *graveurs, fondeurs & éditeurs.*
Caractères dessinés par Bernard Naudin.

JALOUSIE

Je suis jaloux. Tu es là-bas, à la campagne,
et moi je suis là, tout seul, à présent !
Des parents, je sais, t'accompagnent
qui ne sont pas très amusants.
Mais je suis jaloux tout de même,
jaloux de te savoir là-bas par ce printemps...

Paul Géraldy : *TOI ET MOI.*

Stock éditeur. — Format : 13 × 19 cm.
D. Jaconet imprimeur. Caractères dits De tradition dessinés par Bernard Naudin.
Deberny & Peignot fondeurs.
Illustration par P. Laprade.

SECTION FRANÇAISE.

ALBUM DES DESSINS DE DEGAS.

DEMOTTE éditeur. — Format : 36 × 45 cm.
Fac-similé en offset par les ÉTABLISSEMENTS RÜCKERT.

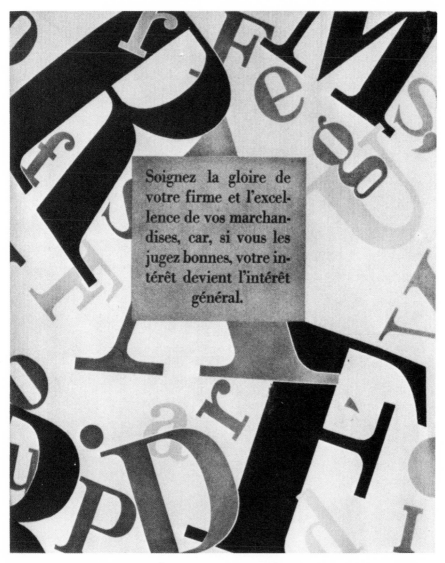

Soignez la gloire de votre firme et l'excellence de vos marchandises, car, si vous les jugez bonnes, votre intérêt devient l'intérêt général.

SPÉCIMENS DE CARACTÈRES
par l'Imprimerie D<small>RAEGER FRÈRES</small>.

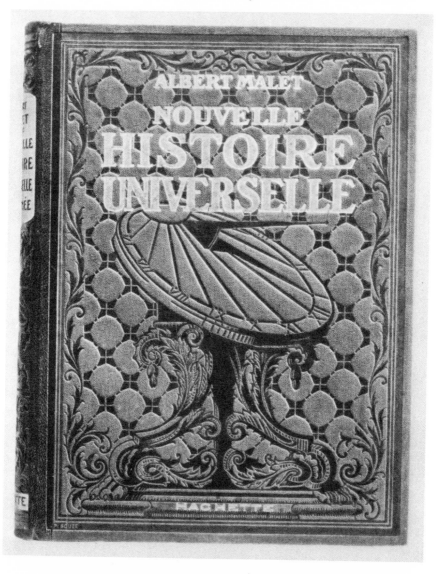

COUVERTURE *pour la* Nouvelle Histoire universelle *d'Albert Malet*
par P. Souzé.
Hachette *éditeur.*

RELIURE pour le JUGEMENT DERNIER *d'H. Malberbe*
(maroquin, mosaïque à filets dorés)
par LEGRAIN.

COUVERTURE pour L'Art décoratif français (*1918-1925*)
par Legrain.
Éditions de la Librairie centrale des Beaux-Arts (Albert Lévy). — Format : *28 × 37 cm.*

BYBLIS, fascicule d'automne 1923.
Albert MORANCÉ éditeur. — Format : 23 × 28 cm.
Illustration par Pierre GUSMAN.

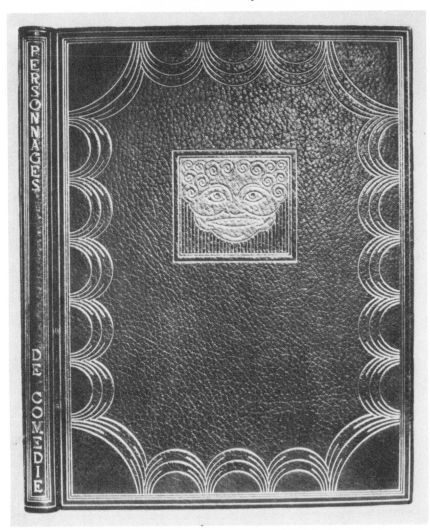

RELIURE pour Personnages de comédie de George Barbier & A. Flament, Meynial éditeur
(maroquin Corinthe, festons en mosaïque bleu foncé, cadre de filets d'or)
par Georges Cretté.

PORTRAIT DE LAURENT TAILHADE.
Gravure sur bois originale par H.-A. OUVRÉ.
Format : 21 × 25 cm.

voire par oiseaux sauvages : pour autant que en tout ce temps du carême un faucon, lequel nichait là près de sa cellule, chaque nuit un peu avant matines avec son chant et avec ses battements contre sa cellule le réveillait, et ne se partait tant qu'il ne s'était levé sus à dire matines. Et quand saint François était plus las une fois que l'autre, et débile ou infirme, ce faucon, en manière de personne discrète et compatissante, chantait plus tard. Et ainsi de cette hor-

150

LES PETITES FLEURS DE SAINT FRANÇOIS D'ASSISE.

L. Rouart & J. Watelin éditeurs & imprimeurs. — Format : 21 × 28 cm.
Caractères ITALIAN OLD STILE.
Dessin de Maurice Denis, gravé sur bois par J. Beltrand.

NOUVEAU MANUEL DE
L'AMATEUR DE BOURGOGNE
PAR MAURICE DES OMBIAUX

FRONTISPICE ET ORNEMENTS
DESSINÉS ET GRAVÉS SUR BOIS
PAR ROBERT BONFILS

LOUIS ROUART ET JACQUES WATELIN
6, PLACE SAINT-SULPICE, PARIS

M. *des Ombiaux* : *NOUVEAU MANUEL DE L'AMATEUR DE BOURGOGNE.*

L. *ROUART & J. WATELIN éditeurs.* — *Format :* 14 × 19 *cm.*
PROTAT FRÈRES imprimeurs. Caractères COCHIN.
Illustration par R. BONFILS.

COUVERTURE
pour Voyages & Glorieuses Découvertes des grands Navigateurs & Explorateurs français
(coloris au pochoir)
par Edy Legrand.
Tolmer imprimeur-éditeur. — Format : 28 × 39 cm.

copier c'est voler !

association
pour la défense des arts plastiques et appliqués en france et à l'étranger

43, av. de l'opéra   paris   tél. central 20.11

coquemer, paris

IMPRIMÉ PUBLICITAIRE
par COQUEMER. — *Format :* 16 × 21 *cm.*

JE m'appelle Claudine, j'habite Montigny ; j'y suis
née en 1884 ; probablement je n'y mourrai pas.
Mon *Manuel de géographie départeméntale*
s'exprime ainsi : « Montigny-en-Fresnois, jolie petite
ville de 1.950 habitants. construite en amphithéâtre

1

Colette-Willy : CLAUDINE A L'ÉCOLE.
Henri Jonquières *éditeur.*
Illustration par Chas-Laborde.

II

LE SOLITAIRE ÉTÉ

ALORS elle fut seule, cette fois, tout à fait seule, aussi abandonnée de tout que si, étrangère, elle fût tombée dans une patrie inconnue.

Elle le préférait d'ailleurs ainsi : toute compagnie, toute conversation lui étant odieuse, insupportable. Au milieu de son désespoir, elle nourrissait un projet : ne pas suivre cette année son mari et son beau-fils dans leurs vacances à Nevers, s'isoler dans l'appartement de la rue Truffaut. L'effort qu'elle s'imposait pour dire bonjour le matin et bonsoir le soir à ses deux compagnons l'épuisait. Que de fois eût-elle envie de leur crier :

Francis de Miomandre : L'AVENTURE DE THÉRÈSE BEAUCHAMPS.

ARTHÈME FAYARD & Cie *éditeurs.* — *Format :* 18 × 24 *cm.*
Caractères VÉRONÈSE, *corps* 11.
Gravure sur bois par Roger GRILLON.

Raymond Escholier : CANTEGRIL.
F*ERENCZI* éditeur. — Format : 14 × 20 cm.
Gravure sur bois par Clément S*ERVEAU*.

ANATOLE·FRANCE

L' ÎLE DES PINGOUINS

ILLUSTRÉ PAR LOUIS JOU.

EDITIONS LAPINA
PARIS : MCMXXVI

Anatole France : *L'ÎLE DES PINGOUINS.*

LAPINA éditeur. — Format : 20 × 31 *cm.*
Illustration par Louis *JOU.*

COUVERTURE *pour* La Sculpture décorative a l'Exposition
par H. Rapin.
Ch. Moreau *éditeur.* — *Format :* 31 × 42 *cm.*

quelques aimables « trucs » de *ces dames* ; et, dans

leur intérêt, il convient de ne point publier ce petit livre-là !

Ce qui est seulement à noter, c'est que toutes

Gustave Coquiot : LES PANTINS DE PARIS.

Auguste BLAIZOT & FILS *éditeurs. —* Format : 21 × 30 cm.
FRAZIER-SOYE *imprimeur. Caractères* CASLON, *corps 16.*
Dessin de FORAIN *gravé en taille-douce par Maurice* POTIN.

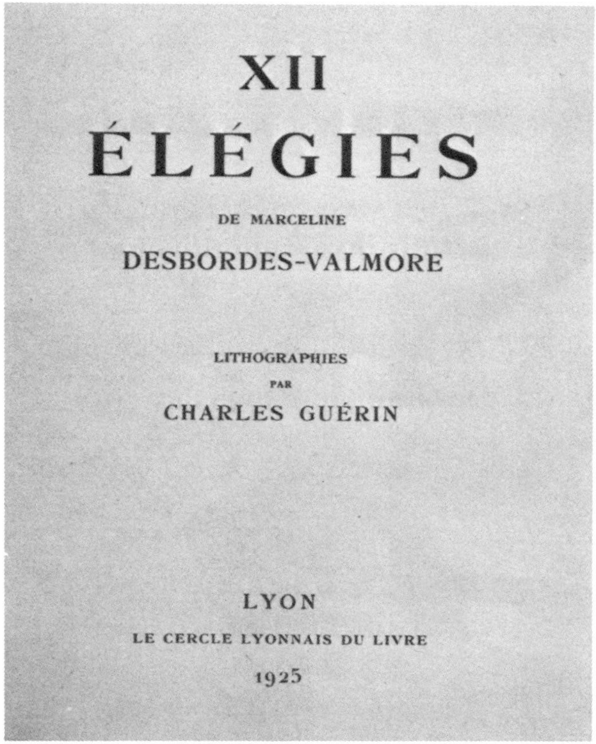

XII

ÉLÉGIES

DE MARCELINE

DESBORDES-VALMORE

LITHOGRAPHIES PAR

CHARLES GUÉRIN

LYON

LE CERCLE LYONNAIS DU LIVRE

1925

Marceline Desbordes-Valmore : ÉLÉGIES.

Édition du CERCLE LYONNAIS DU LIVRE. — Format : 25 × 32 cm.
AUDIN imprimeur. Caractères DEBERNY, corps 15.
Lithographie de Charles GUÉRIN, tirée par DUCHATEL.

aimons, que nous entourerons d un culte merveilleux, parce qu'il symbolisera pour nous la
nation elle-même, et ses vertus et ses forces
vives, ni Rude, ni Pradier, ni Seurre l'aîné, ni
Seurre le jeune, ni qui vous voudrez de plus
loin ou de plus près de nous, ne saurait réussir
ni suffire à l'évoquer pour nous.

Une pierre nue, des fleurs sans cesse renou-
velées, une lampe nocturne...

Par delà les voûtes de l'Arc de Triomphe,
une fumée : la Gloire ; une flamme : le Souvenir

— 166 —

Franc-Nobain : AUX QUATRE COINS DE PARIS.
Éditions de la SOCIÉTÉ DES AMIS DES LIVRES. — *Format :* 18 × 26 *cm.*
Gravure sur bois par Henry CHEFFER.

SUPPLÉMENT
au voyage de
BOUGAINVILLE
par DIDEROT

illustré par J.-E. LABOUREUR

n PARIS *r* 1921 *f*

Diderot : *SUPPLÉMENT AU VOYAGE DE BOUGAINVILLE.*
Éditions de LA NOUVELLE REVUE FRANÇAISE.
Frontispice par J.-E. LABOUREUR.

Pl. LXI.

SECTION FRANÇAISE.

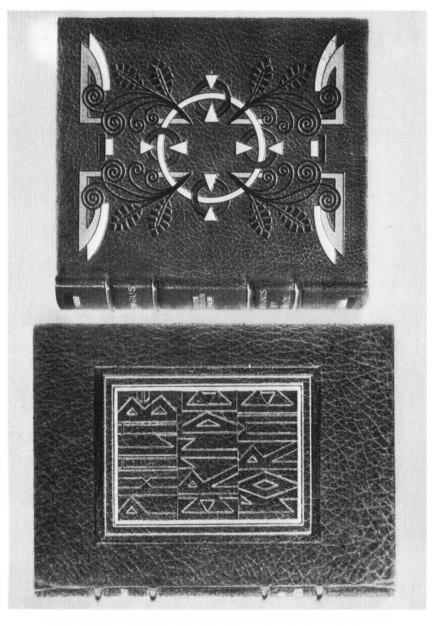

RELIURES

pour Philibert de L'Orme, de H. Clouzot
(fond noir, cadre & lettres rouges, filets or & argent)
par Mᵐᵉ Marot.

pour Daphnis & Chloé de Longus
(maroquin, mosaïque polychrome)
par Gruel.

Pl. LXII.

SECTION FRANÇAISE.

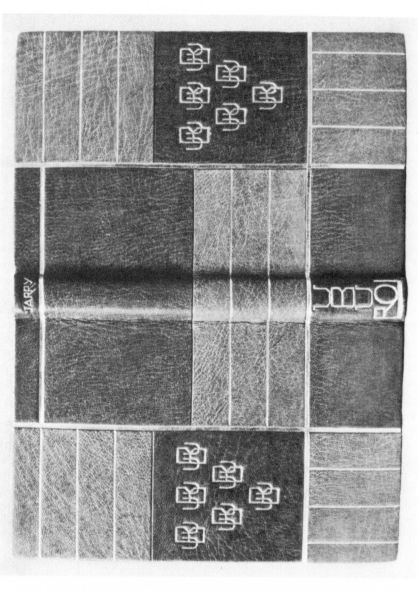

RELIURE pour Ubu Roi d'A. Jarry
(maroquin, mosaïque à filets dorés)
par Mᵐᵉ Jeanne LANGRAND.

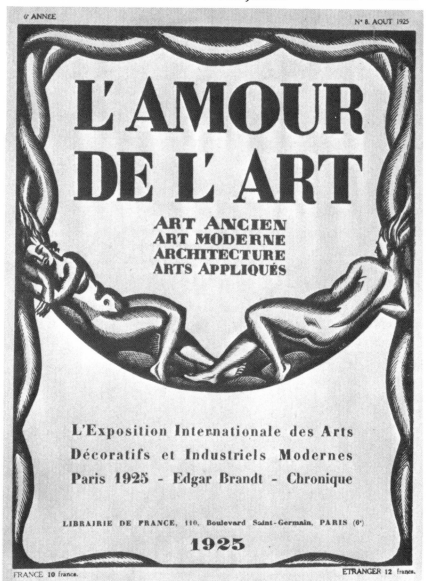

COUVERTURE pour L'AMOUR DE L'ART
par LE BRETON.
Photogravure (cliché au trait) par LES FILS DE VICTOR MICHEL.
Éditions de la LIBRAIRIE DE FRANCE. — Format : 24 × 32 cm.

pas à l'imbécile sécurité des femmes aimées? Une
ingénue maniérée renaît, pour de brèves et péril-
leuses minutes, en l'amoureuse comblée, et se permet des jeux de fillette, qui font trembler sa chair

297

Colette : *LA VAGABONDE.*

MORNAY *éditeur.* — *Format* : 15 × 20 *cm.*
DUCROS & COLAS *imprimeurs. Caractères* DORIQUES, PEIGNOT *fondeur.*
Illustration coloriée au pochoir par DIGNIMONT.

Mais elle le griffait, se dégageait, se remettait, hurlante, à vouloir agripper les chevelures.

Il ne réussissait pas à la calmer. Alors il ne dit plus rien, s'accroupit seulement afin d'enlever du ballant au bateau, et, impuissant, attendit, terrorisé à cette voix de folie déchaînée au milieu du néant des choses.

Cela dura longtemps. A chaque instant, le chaland menaçait de couler. Enfin la fatigue se fit sentir. La voix s'enrouait, la fille s'affaiblissait. Tout d'un coup, elle se tut. Puis elle parla de nouveau, mais cette fois, comme en extase : « Oh ! oh !... le grand martin-pêcheur qui s'envole ! »

Un tremblement, à un moment de là, parcourut le

— 399 —

A. de *Châteaubriant* : *LA BRIÈRE.*

A. *& G.* Mornay *éditeurs.* — *Format :* 15 × 20 cm.

Émile Kapp *imprimeur. Caractères* Vieux Romains, *corps* 11, Caslon *fondeur.*
Gravure en camaïeu par Mathurin Méheut.

SECTION FRANÇAISE.

RELIURE pour OUVERT LA NUIT de Paul Morand
(maroquin bleu nuit, étoiles d'or ; mosaïque noire & blanche cernée d'or)
par Mlle Germaine SCHROEDER.

Jean Cocteau & Darius Milbaud : LES BICHES.
Éditions des QUATRE-CHEMINS. — Format : 22 × 28 cm.
Dessin de Marie LAURENCIN,
reproduit en fac-similé colorié au pochoir.

PLANCHES

—

SECTIONS ÉTRANGÈRES

Hugo von Hofmannsthal : *JEDERMANN.*
Éditions de l'*AVALUN VERLAG.* — Format : 24 × 30 cm.
Impression de l'*ÖSTERR-STAATSDRUCKEREI.*
Gravure sur bois originale par Erwin *LANG.*

bleaux vénitiens élèvent des coupes chargées de fleurs et de fruits.

Je me suis donc vu tout à coup cheminant sur une plage que la marée venait d'abandonner. Et, comme il arrive alors, les puces de mer, jaillissant par nuées, faisaient croire que la nappe entière du sable se soulevait et retombait sous nos pas.

La cause de cette illusion était précisément cette demande qui venait de s'élever en moi pour y recevoir cet accueil plein de patience et de bonté. Car de tous les côtés la même interrogation naissait, suivie de la même réponse. Et d'autre part la tristesse douce de ce crépuscule dont

22

J. R. Bloch : *LE PARADIS DES CONDITIONS HUMAINES.*
Éditions LUMIÈRE à Anvers & A. DELPEUCH à Paris. — *Format : 14 × 22 cm.*
J. E. BUSCHMANN imprimeur, Caractères NICOLAS-COCHIN.
Gravure sur bois en couleurs par H. VAN STRATEN.

ACTE DEUXIEME
SCÈNE PREMIÈRE
UNE FORÊT

Entrent la princesse Maleine et la nourrice.

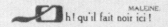

MALEINE.

h! qu'il fait noir ici !

LA NOURRICE.

Il fait noir! il fait noir! une forêt est-elle éclairée comme une salle de fête? — J'en ai vu de plus noires que celle-ci; et où il y avait des loups et des sangliers. Je ne sais d'ailleurs s'il n'y en a pas ici; mais, grâce à Dieu, il passe au moins un peu de lune et d'étoiles entre les arbres.

MALEINE.

Connais-tu le chemin, nourrice?

41

Maeterlinck : LA PRINCESSE MALEINE.

Goossens éditeur. — Format : 22 × 28 cm.
Gravure sur bois en couleurs par TIELEMANS.

LE GÉNIE VAINQUEUR DE L'ESPACE ET DU TEMPS
d'après la peinture décorative de J. DELVILLE.
Gravure en offset par les Établissements Jean MALVAUX.
Format : 17 × 23 cm.

Phot. DESBOUTIN.

BILLEDER I VIBORG DOMKIRKE ARBEIDETS HISTORIE
par J. SKOVGAARD.
FORENINGEN FOR BOGHAANDVÆRK éditeur.

Phot. Desboutin.

J. H. Campe : ROBINSON.
Steen Hasselbalchs Forlag éditeur.
Illustration en couleurs par Valdemar Andersen.

Haardt blæser Heimdal

19

Phot. DESBOUTIN.

VØLVENS SPAADOM, EDDA DE SAËMUND,
version de Olaf Hansen.
SELSKABET FOR GRAFISK KUNST éditeur.
Illustration par Ernst HANSEN.

SECTION ESPAGNOLE.

RELIURES

par MIQUEL Y PLANAS.

par J. J. GARCIA.

Fig. 24. Haldane Macfall (60).

Phot. Desboutin

E. *Gordon Craig :* NOTHING OR THE BOOKPLATE.
Chatto & Windus éditeurs.
Ex-libris de HALDANE MACFALL.

HASSAN

THE·STORY·OF·HASSAN·OF·BAGDAD·
AND·HOW·HE·CAME·TO·MAKE·THE·
GOLDEN·JOURNEY·TO·SAMARKAND·
BY·JAMES·ELROY·FLECKER·

WITH·ILLUSTRATIONS
BY·THOMAS·MACKENZIE

1924
LONDON · WILLIAM·HEINEMANN;LTD

Phot. D<small>ESBOUTIN</small>

James Elroy Flecker : HASSAN.
William H<small>EINEMANN</small> *éditeur.*
Gravure sur bois par Thomas M<small>ACKENZIE</small>.

III

But none ever trembled and panted with bliss

In the garden, the field, or the wilderness,

Like a doe in the noontide with love's sweet want

As the companionless Sensitive Plant.

21

Phot. Deseoutin.

P. B. Shelley : *THE SENSITIVE PLANT.*

William HEINEMANN éditeur.

Gravure sur bois en couleurs par Charles ROBINSON.

Ma ch'egli dovesse esser nemico al Frate che mandava a fuoco come "vanità" tanti bei libri, ai quali il calligrafo aveva dato le cure migliori, non è cosa da farci meraviglia, anzi apparisce assai logica e naturale. Avvezzo alle magnificenze medicee, allo splendore di quella corte di cittadini principi, non potevano gradirgli le santimonie del frate iconoclasta.

Mostravo ammirato le più belle pagine esemplate dal Sinibaldi e miniate da Francesco d'Antonio, o da alcuni altri di quella scuola, ad un letterato e tipografo americano, venuto più volte in Italia a studiare in Laurenziana i miracoli di quell'arte "che alluminare è nomata in Parisi", e l'euritmia dei ben disposti caratteri nei codici umanistici che facevano bella mostra di sè nelle vetrine della "Sala degli Arazzi"; quando un bel giorno quell'amico mi fece una gradita e singolare proposta.

Ma conviene anzi tutto ch'io dica chi egli fosse e lo presenti ai lettori e ai colleghi italiani. William Dana Orcutt non somiglia nè ai tipografi nè ai letterati italiani. Laureato a Harvard, la migliore delle Università americane, l'Orcutt si dette a scrivere la storia della sua città in un libro intitolato " Good old Dorchester"; poi cominciò a pubblicare romanzi, parte storici e parte di pura invenzione, che hanno avuta ed hanno meritata fortuna. Da uomo pratico, com'è ogni americano, gli piacque associare

Phot. DESBOUTIN.

IL CARATTERE UMANISTICO.
BERTIERI & VANZETTI imprimeurs & éditeurs.

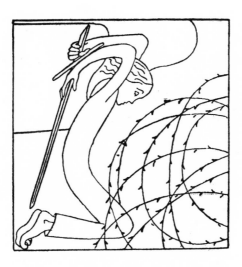

LE PRIME BATTAGLIE

Phot. Desboutin.

Ettore Gozzani : *L'ANIMA E L'ARTE DI PIETRO GAUDENZI.*
Éditions l'Eroica.
Fac-similé par Alfieri & Lacroix & *l'Atelier Angelo* Asti.

Phot. Desboutin.

Giuseppe Liparini : *I CANTI DI MELITTA.*
N. *Zanichelli* éditeur.
Gravure sur bois en couleurs par Antonello *Moroni.*

TAUTAS PASAKAS UN TEIKAS
Valtera & Rapas éditeurs.

Apocalypsis.

APOCALYPSIS SANCTI IOANNIS

Caput 1.

1. APOCALYPSIS IesuChristi quam dedit illi Deus palam facere servis suis quæ oportet fieri cito:& significavit, mittens per angelum suum servo suo Ioanni. 2. Qui testimonium perhibuit verbo Dei. & testimonium IesuChristi quæcumque vidit. 3. Beatus qui legit & audit verba prophetiæ hujus & servat ea quæ in ea scripta sunt: tempus enim prope est 4. Ioannes septem ecclesiis quæ sunt in Asia

Gratia vobis & pax ab eo qui est. & qui erat, & qui venturus est: & a septem spritibus qui in conspectu throni ejus sunt 5 Et à Iesu Christo, qui est testis fidelis. primogenitus mortuorum, & princeps regum terræ, qui dilexit nos. & lavit nos a peccatis nostris in sanguine suo. 6. Et fecit nos regnum & sacerdotes Deo & Patri suo: ipsi gloria & imperium in sæcula sæculorum. Amen 7. Ecce venit cum nubibus & videbit eum omnis oculus. & qui cum pu-

pugerunt. Et plangent se super eum omnes tribus terræ. Etiam Amen 8. Ego sum A et Ω. principium & finis. dicit Dominus Deus: qui est & qui erat & qui venturus est. omnipotens 9. Ego Ioannes frater vester, & particeps in tribulatione & regno & patientia in Christo Iesu, fui in insula quæ appellatur Patmos. propter verbum Dei. & testimonium Iesu. 10. Fui in spiritu in dominica die. & audivi post me vocem magnam tanquam tubæ. 11. Dicentis: Quod vides. scribe in libro: & mitte septem ecclesiis quæ sunt in Asia. Ephesoe & Smyrnæ,

& Pergamo & Thyatiræ, & Sardis, & Philadelphiæ, & Laodiciæ. 12. Et conversus sum ut viderem vocem quæ loquebatur mecum. & conversus vidi septem candelabra aurea; 13. Et in medio septem candelabrorum aureorum similem Filio hominis, vestitum podere & præcinctum ad mamillas zona aurea; 14 Caput autem ejus & capilli erant candidi tanquam lana alba & tanquam nix, & oculus ejus tanquam flamma ignis. 15. Et pedes ejus similes aurichalco, sicut in camino ardenti; & vox illius tanquam vox aquarum multarum; 16 Et habebat in dextera

Apocalypsis, 1

APOCALYPSIS SANCTI IOANNIS.

Manuscrit sur parchemin par J. VAN KRIMPEN.

Phot. REP.

HET LOF DER ZEE-VAERT

A L wat bepeckt beteert aengrijpen kan, en vatten,
En danssen op de koorde, en klauteren als katten
Zeespoocken, die gheswind den steylen mast op vlieght,
En zijt in Thetis schoot van kindsbeen opgewieght;
Bolckvangerdragend gild, en blaeuwe toppershoeden,
Die koortsen haelt op 't land, en lucht schept op de vloeden

Stuurluyden grijs van kop, die liever rijst, en sinckt
In 't bedde vande Zee, als in de pluymen stinckt:
Ghy Schippers die niet lang aen eenen oord kond rusten,
En 't ancker licht, en worpt aen veergheleghen kusten:
Nu ommeweghen soeckt, nu houd een rechter spoor,
Verselschapt myne reys, en voorghenomen bevaert.
Die ick ghekeylight heb den lof der nutte Zeevaert.
Sint Laurens [niet die eer gheroost was, en ghebraen,
Maer voormaels is als Voogd nae Indien ghegaen]
Begunstige onsen tocht: want hy is omgedragen
Op 't grondeloose vlack door stormen, en door vlagen.
Hy wenckt ons toe alreede, en blyft versekeraer
Te vryen onsen kiel van schipbreuk, en ghevaer.
Van wie de Zeevaert eerst ghenoten heeft haer luyster
Tot noch hangt in gheschil, en d'oudheyd maecket duyster.
Wat volck de Zeekust vrijt, en handelt aen het strand,
Treckt uyt dees vindingh lof, bysonder Grieckenland,
Dat op syn Argo trotst, en op syn Argonauten,
En Tiphys, die de Zee te kruyssen sich verstouten
Om winnen 't gulde vlies: doch Tyrus hier om lacht,
Die eerst een holle balck te water heeft gebracht.

9

HET LOP DER ZEE-VAERT.

A. STOLS, éditeur.

Gravure sur bois par H. JONAS.

Extrait de l'Art hollandais à l'Exposition.

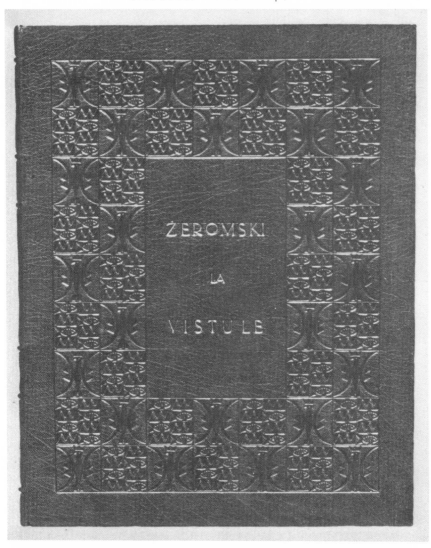

RELIURE pour La Vistule *de Zeromski*
par Bonaventure Lenart.

Phot. Desboutin.

I. K. ILLAKOWICZ RYMY DZIECIECE.
Illustration en couleurs par Sophie STRYJENSKA.

WILHELM

MELLAN TVÅ KONTINENTER

STOCKHOLM

P. A. Norstedt & Söners
Förlag

Phot. Desboutin.

Wilhelm : MELLAN TVÅ KONTINENTER.
P. A. NORSTEDT & SÖNERS, éditeurs.

Vedhuggaren förvandlade sig till en ryslig jätte.

Phot. D<small>ESBOUTIN</small>.

RÜBEZAHL, TYSKA FOLKSAGOR.

A<small>LMQUIST</small> & W<small>IKSELL</small>, *éditeurs.*

Gravure sur bois originale par John D<small>UNGE</small>.

Boccace : LE DÉCAMÉRON.

Albert BONNIER éditeur.

Dessin de Bertil LYBECK , gravé par la J. CEDERQUIST GRAFISKA A. B.

RELIURE
par Mlle B*AUD*-B*OVY.*

Velcovi byly knihy vším.

V chaloupce psával svoje zajímavé zápisky (uveřejněné ve »Zvonu« 1907), a vzpomínal dobrých lidí, s kterými se ve světě sešel. Jak též nevzpomínat toho neznámého starce, tak smířeného se žitím a tak klidně očekávajícího svého posledního odchodu? Jak nevyptat se lidí, kteří jediní měli k němu přístup, tehdejší majetníci statku a chaloupky, na starce tak zajímavého? Stará Pechačka ráda vypravovala o Velcovi a dosti si pamatovala.

»To se dycky k němu dit nesmělo, to jen když dovolil, a to jen táta a někdy já, když jsem nesla jídlo, někdy je tam nosil Franta skoták. To on s námi pěkně mluvil a tátoj všelisco vypravoval.«

To jídlo! — Patrně nejmenší částku své skrovné pense věnoval na potravu tělesnou; nejvíce věnoval na knihy, které až do smrti kupoval. Požíval co nejmíň masa, nikdy vína ani piva, toliko ráno a večer kávu; v poledne nějakou venkovskou stravu. Někdy mu udělala stará selka nákyp, a on jí řekl, jak. — Tak žil posledních svých sedm let. Nevyčerpatelnou zásobu dobra a povznešenosti choval ve svém nitru, čímž vyrovnáva mezery povstalé v tělesných potřebách.

»To on jen pořádem četl a psal; ale ten poslední rok už nepsal, to říkával, že se na to stará, jak napíše tu ‚kvitancí' pro pensi.«

22

Phot. DESBOUTIN.

J. Vejrychová : JAK BÝVALO V KOZLOVĚ.
ČESKÁ GRAFICKÁ UNIE éditeur.
Dessin par Max Švabinský.

XII.

Byl to zvyk jak ve mlýně tak v myslivně i na Starém bělidle, že kdokoli přišel na Štědrý den a Boží hod, jíst a pít dostal do sytosti, a kdyby nikdo byl nepřišel, babička byla by šla hledat hosta na rozcestí. Jakou radost měla ale tenkráte, když z nenadání přišel před Štědrým dnem syn Kašpara bratrův syn z Olešnice! Celého půl dne radostí plakala a přes chvíli od pečení vá= noček odběhovala do sednice, kde příchozí mezi dětmi seděli, aby se na syna podívala, aby se bratrovce zeptala, co dělá ten neb ta v Olešnici, a dětem opakovala ne jednou: »Jak tuhle vidíte strejčka, tak byl v tváři váš dědeček, jen že zrůst po něm nemá.« Děti prohlížely strejčky se všech stran a velice se jim líbili, zvláště to, že mile na každou jejich otázku odpovídali. — Každý rok chtěly se děti postit, aby viděly zlaté prasátko, ale nikdy k tomu ne= došlo, vůle byla dobrá, ale tělo slabé. Na Štědrý den štědře podělen byl kde kdo, i drůbež a dobytek dostaly vánočky, a po večeři vzala babička ode všeho, co k večeři bylo, po kousku, hodila polovičku do potoka, po= lovic zahrabala do sadu pod strom, aby voda čista a zdráva zůstala a země úrodná byla, všecky pak drobty sesbíravši hodila »ohni«, aby »neškodil«. Za chlívem třásla Bětka bezem, volajíc: »Třesu, třesu bez, pověz ty mi pes, kde můj milý dnes;« a v světnici slívaly děvčata olovo a vosk, a děti spouštěly svíčičky v ořechových skořepinách na vodu. Jan tajně postrkoval mísu, v níž voda byla, aby se hnula a skořápky, představující loďky života, od kraje

155

Phot. DESBOUTIN.

Mme Němcová : BABIČKA.
ČESKÁ GRAFICKÁ UNIE éditeur.
Illustration en couleurs par Adolf KAŠPAR.

BYL jednou v jednom městě král a královna. Ti měli tři dcery vynikající krásou. Dvě starší byly sice velmi půvabné, ale snad by je přece dovedla chvalořeč lidská náležitě oslaviti; krása dívky nejmladší byla však tak význačná a tak skvělá, že chudé mluvě pozemské nebylo ji možno vystihnouti, ba ani ná=

7

Phot. DESBOUTIN.

Apulee : L'AMOUR ET PSYCHÉ.
Arthur NOVÁK éditeur.
Lithographie par Hugo BOETTINGER.

Ему пришлось проехать немного
Также по подвесной

ВОЗДУШНОЙ
ДОРОГЕ.

— 18 —

Phot. Desboutin.

LES VOYAGES DE CHARLOT.

Éditions du Gosizdat.

Lithographie en couleurs par N. G. Smirnov, Galina & Olga Tchitchagova.

Phot. Desboutin.

LA CHASSE.

Éditions de la I Gos. Lith. Leningrad.
Lithographie en couleurs par V. V. Lebedieff.

PETAR DOBROVIĆ :   AKT (CRTEŽ UGLJENOM)

prolaze. U tome večnom jedrenju sena stoji Dobrović i markantno se crta u jednoj sivoj ravnici, kao torzo dobro klesanog bazalta.

Naši su mladi slikarski lampadefori sa buktinjama svojih boja u rukama tek počeli da trče kroz ovu našu balkansku tminu i u toj škuroj rasveti našoj u glavnom monohromoj i ubogoj, Dobrović se pričinja jednim iskrenim torzom, koji može ravno u muzej da ostane tamo kao intonacija fragmentarne ove naše muzikalne obojadisane životnosti, kao intonacija, koja će se moguće izroditi u motiv, ali kako sada stoji, više izgleda da nalikuje na pad meteora nego na ovu mirnu svetlost, koja se javlja na istočnom horizontu pred svitanje i konstantno raste u žaru.

Postoji tu kod nas i Ljuba Babić, slikar virtuoznih kvaliteta, koji je izrasao iz druge dekorativne faze, ali čija je geneza potpuno izolovana i omedjena kineskim zidovima jedne zatvorene ličnosti, koja hoda samotna po prostorima ličnih konfesija i o kojoj pisati znači preći okvire naših slikarskih perijoda i zahvatiti u pitanje hipotetičnih sinteza. Ljuba je Babić po svojim kvalitetima evropski eklektik par excellence, čiji je potencijal doživljaja toliko emfatičan, da groznIčavom vatrom svojih problema sav taj eklekticizam rastaljuje u neke lične i duboke izraze potpuno odvojene od naših ostalih nastojanja. Lutanja Ljube Babića kroz njegove oblake koji lete, i vriju u dubinama i ponorima kroz njegove boje tako čudno mutne kao što su mutne krvave oči melankoličara, ta putanja Ljube Babića kroz svetokruge boja, koji su goreli nad glavama njegovih vizantijskih Hrista i andjela kao što se danas pale žalosne u svim svagdanjim motivima, ta se putanja probija iz godine u godinu u sve zgusnutije gvale i fokuse, koji se u jednoj slici kondenziraju

201

SAVREMENIK,
revue de l'Association des Éditeurs croates, publiée par *B. Livadić & A. Schneider.*
Éditions de la Librairie *Cyrille & Méthode.*
Imprimerie *Tipografija.*

ACTE, *dessin au fusain par* P. *Dobrović.*

BIBLIOGRAPHIE

RÉPERTOIRE ET TABLES

BIBLIOGRAPHIE.

PUBLICATIONS OFFICIELLES.

Catalogue général officiel, édité par le Commissariat Général français. Imprimerie de Vaugirard, impasse Ronsin, Paris.

Liste des récompenses de l'Exposition Internationale des Arts décoratifs & industriels modernes. (Journal officiel du 5 janvier 1926.)

Statistique mensuelle du commerce extérieur de la France, numéro de décembre 1925. Imprimerie Nationale.

L'Art en Alsace, catalogue de l'exposition organisée sous le patronage de la Société des Amis des Arts de Strasbourg.

AUTRICHE. — *L'Autriche à Paris*, Guide illustré de la Section autrichienne, 1 vol.

BELGIQUE. — *Catalogue officiel de la Section belge*, 1 vol. illustré.

DANEMARK. — *Catalogue officiel de la Section danoise*, 1 vol.

ESPAGNE. — *Catalogue officiel de la Section espagnole*, 1 vol. illustré.

GRANDE-BRETAGNE. — *Catalogue de la Section britannique*, 1 vol.

ITALIE. — *L'Italie à l'Exposition*, catalogue illustré.

JAPON. — *Guide pour le Japon exposant*, 1 vol. illustré.
    Catalogue provisoire de la Section japonaise, 1 brochure.
    La Section japonaise, 1 catalogue illustré.

PAYS-BAS. — *Catalogue de la Section des Pays-Bas*, 1 vol.
    L'Art hollandais à l'Exposition, 1 album illustré.

POLOGNE. — *Catalogue de la Section polonaise*, 1 brochure.

SUÈDE. — *Guide illustré à l'Exposition (Section suédoise).*

SUISSE. — *Catalogue de la Section*, 1 vol. illustré.

TCHÉCOSLOVAQUIE. — *Catalogue officiel de la Section*, 1 vol. illustré.
    Écoles professionnelles de la République Tchécoslovaque, catalogue illustré.

U. R. S. S. — *Catalogue de la Section*, 1 vol. illustré.
    L'Art décoratif, Moscou-Paris, 1925, 1 vol. illustré.

YOUGOSLAVIE. — *Catalogue officiel de la Section*, 1 brochure illustrée.

OUVRAGES SPÉCIAUX.

Album de l'Art décoratif français (1918-1925). Éditions Albert Lévy, 2, rue de l'Échelle, Paris.

Album de l'Exposition Internationale des Arts décoratifs, édité par *L'Art vivant*. Librairie Larousse, 13-17, rue du Montparnasse, Paris.

Album-guide de l'Exposition Internationale des Arts décoratifs & industriels modernes. L'Édition Moderne, 114, boulevard Haussmann, Paris.

Les Arts décoratifs en 1925, numéro spécial de *Vient de paraître*. Éditions Crès & Cᶦᵉ, 21, rue Hautefeuille, Paris.

Paris-Arts décoratifs, Guide de Paris & de l'Exposition, 1 vol. illustré. Librairie Hachette, 79, boulevard Saint-Germain, Paris.

AUDIN (Marius). *Le Livre, sa technique, son architecture*, 1 vol. Éditions Cumin & Masson, 6, rue de la République, Lyon.

    Le Livre, son illustration, sa décoration, 1 vol. Éditions Crès & Cᶦᵉ, 21, rue Hautefeuille, Paris.

BOUCHOT (Henri). *Le Livre, l'illustration, la reliure*, 1 vol. illustré. Librairies-Imprimeries réunies, 7, rue Saint-Benoît, Paris.

    La Lithographie, 1 vol. illustré. Librairies-Imprimeries réunies, 7, rue Saint-Benoît, Paris.

    De la Reliure, 1 vol. illustré. Éditions Édouard Rouveyre, 76, rue de Seine, Paris.

CHANAT, *La Technologie de la reliure* (suite de 10 tableaux). Éditions Papyrus, 30, rue Jacob, Paris.

CHRISTIAN (A.). *Origine de l'imprimerie en France*, conférence. Imprimerie Nationale, Paris.

CIM (Albert). *Le Livre*, 5 vol. Éditions Flammarion, 26, rue Racine, Paris.

DIJK (F. Van). *L'Héliogravure rotative*, 1 vol. Chez l'auteur, 6 *bis*, rue de Viroflay, Paris.

GUITET-VAUQUELIN, MAC ORLAN & HOUDIN. *L'Initiation à la vie du livre*, 1 vol. Éditions de la *Renaissance du livre*, 78, boulevard Saint-Michel, Paris.

HESSE (Raymond). *Le Livre d'art du XIXᵉ siècle à nos jours*, 1 vol. illustré. Éditions de la *Renaissance du livre*, 78, boulevard Saint-Michel, Paris.

QUÉNIOUX (Gaston). *Les Arts décoratifs modernes* (France), 1 vol. Librairie Larousse, 13-17, rue du Montparnasse, Paris.

SAUNIER (Ch.). *Les Décorateurs du livre* (collection l'*Art français depuis vingt ans*), 1 vol. illustré. Éditions F. Rieder & Cᶦᵉ, 7, place Saint-Sulpice, Paris.

THÉVENIN (L.) & LEMIERRE (G.). *Les Étapes d'un livre*, 1 vol. Éditions Hachette, 79, boulevard Saint-Germain, Paris.

THIBAUDEAU (F.). *Manuel français de typographie moderne*, 1 vol. Mˡˡᵉ Thibaudeau, 4, avenue Reille, Paris.

    La Lettre d'imprimerie, 2 vol. Mˡˡᵉ Thibaudeau, 4, avenue Reille, Paris.

UZANNE (Octave). *L'Art dans la décoration extérieure des livres en France & à l'étranger*, 1 vol. illustré. Éditions Rouveyre, 76, rue de Seine, Paris.

    La Reliure moderne artistique & fantaisiste, 1 vol. illustré. Éditions Rouveyre, 76, rue de Seine, Paris.

VERNE (H.) & CHAVANCE. *Pour comprendre l'art décoratif moderne en France*, 1 vol. illustré. Éditions Hachette, 79, boulevard Saint-Germain, Paris.

ZELGER. *Manuel d'édition & de librairie*, 1 vol. Éditions Payot, 106, boulevard Saint-Germain. Paris.

PRINCIPAUX ARTICLES DE REVUES,
JOURNAUX OU PÉRIODIQUES.

Art & décoration, revue mensuelle. Éditions Albert Lévy, 2, rue de l'Échelle, Paris. — Année 1925, numéro de mai.

Beaux-Arts, revue mensuelle. 106, boulevard Saint-Germain, Paris. — Année 1925, du 15 mai au 15 septembre.

Bulletin officiel de l'Union syndicale des Maîtres-Imprimeurs de France. 7, rue Suger, Paris. — Numéro supplémentaire de 1925 : Les arts du livre à l'Exposition.

LIVRE. 95

Byblis, revue illustrée. Éditions Albert Morancé, 30 & 32, rue de Fleurus, Paris. — Année 1925.

Les Échos des industries d'art, revue mensuelle illustrée. 2 & 4, rue Martel, Paris.

    Année 1926, numéro d'octobre : Le beau livre & la reliure, par René CHAVANCE.

    Année 1927, numéro d'octobre : Les beaux livres, par René CHAVANCE.

Papyrus, revue mensuelle de toutes les industries du papier. 30, rue Jacob, Paris. — Numéro spécial de 1922 sur la typographie; numéro spécial d'août 1925 sur l'Exposition Internationale des Arts décoratifs.

Revue des industries du livre, publication mensuelle. 79, rue Dareau, Paris. — Année 1925.

Vie limousine, revue mensuelle illustrée. Rue Saint-Georges, Limoges. — Août 1925 : La VII° région économique à l'Exposition des Arts décoratifs.

PUBLICATIONS ÉTRANGÈRES.

BELGIQUE. — *Le Home*, revue mensuelle illustrée. 14, rue Van Orley, Bruxelles. — Année 1925, juin & septembre.

GRANDE-BRETAGNE. — *The Studio*, Magazine of fine and applied art. 44, Leicester square, London. — Numéro spécial d'hiver 1924 : «The new book illustration in France», par Léon PICHON.

    International Exhibition, Paris, 1925. Report on the industrial arts. Department of Overseas Trade.

ITALIE. — *Le Arti decorative*, revue mensuelle illustrée. Directeur : Guido Marangoni, Via del Senato, 8, Milano. Publication depuis mai 1923.

SUÈDE. — WETTERGREN (Erik). *Les Arts décoratifs modernes en Suède*. Publication du Musée de Malmö.

DOCUMENTS D'ARCHIVES.

Rapport du Comité d'admission & du Jury des récompenses de la Classe XV (Le Livre), par M. Raymond ESCHOLIER.

RÉPERTOIRE ALPHABÉTIQUE
DES EXPOSANTS CITES DANS LE VOLUME.

TABLE DES PLANCHES.

———

Planche LXXI. — *LE GÉNIE VAINQUEUR DE L'ESPACE & DU TEMPS* d'après la peinture décorative de J. DELVILLE. Gravure par les ÉTABLISSEMENTS JEAN MALVAUX.

Planche LXXII. — J. Skovgaard : *BILLEDER I VIBORG DOMKIRKE ARBEIDETS HISTORIE.* FORENING FOR BOGHAANDWERK éditeur. Illustration par l'auteur.

Planche LXXIII. — H. H. Campe : *ROBINSON.* STEEN HASSELBACHS FORLAG éditeur. Illustration par Valdemar ANDERSEN.

Planche LXIV. — *VØLVENS SPAADOM, EDDA DE SAËMUND*, version de Olaf Hansen, SELSKABET FOR GRAFIK KUNST éditeur. Illustration par Ernst HANSEN.

Planche LXXV. — *RELIURES* par MIQUEL Y PLANAS & par J. J. GARCIA.

Planche LXXVI. — E. Gordon Craig : *NOTHING OR THE BOOKPLATE.* CHATTO & WINDUS |éditeurs. Ex-libris de HALDANE MACFALL.

Planche LXXVII. — James Elroy Flecker : *HASSAN.* William HEINEMANN éditeur. Illustration par Thomas MACKENSIE.

Planche LXXVIII. — P. B. Shelley : *THE SENSITIVE PLANT.* William HEINEMANN éditeur. Illustration par Charles ROBINSON.

Planche LXXIX. — *IL CARATTERE UMANISTICO.* BERTIERI & VANZETTI imprimeurs & éditeurs.

Planche LXXX. — Ettore Gozzani : *L'ANIMA E L'ARTE DI PIETRO GAUDENZI.* Éditions L'EROICA. Fac-similé par ALFIERI & LACROIX & L'ATELIER ANGELO ASTI.

Planche LXXXI. — Giuseppe Liparini : *I CANTI DI MÉLITTA.* N. ZANICHELLI éditeur. Illustration par Antonello MORONI.

Planche LXXXII. — *TAUTAS PASAKAS UN TEIKAS.* VALTER & RAPA éditeurs.

Planche LXXXIII. — *APOCALYPSIS SANCTI JOANNIS.* Manuscrit sur parchemin par J. VAN KRIMPEN.

Planche LXXXIV. — *HET LOF DER ZEE-VAERT.* A. STOLS, éditeur. Illustration par H. JONAS.

Planche LXXXV. — *RELIURE* pour *La Vistule* de Zeromski, par Bonaventure LENART. '

Planche LXXXVI. — I. K. Illakowicz : *RYMY DZIECIECE.* Illustration par Sophie STRYJENSKA.

Planche LXXXVII. — Wilhelm : *MELLAN TVÅ KONTINENTER* P. A. NORSTED & SÖNER, éditeurs.

Planche LXXXVIII. — *RÜBEZAHL, TYSKA FOLKSAGOR.* ALMQUIST & WIKSELLS éditeurs. Illustration par John DUNGE.

Planche LXXXIX. — Boccace : *LE DÉCAMERON.* Albert BONNIER éditeur. Illustration par Bertil LYBECK, gravure par la J. CEDERQUIST GRAFISKA A. B.

Planche XC. — *RELIURE* par Mlle BAUD-BOVY.

Planche XCI. — J. Véjrychova : *JAK BYVALO V KOZLOVÉ.* ČESKE GRAFICKÉ UNIE éditeur. Illustration par Max SVABINSKY.

Planche XCII. — Mme Nemcova : *BABIČKA.* ČESKÉ GRAFICKÉ UNIE éditeur. Illustration par Adolf KASPAR.

Planche XCIII. — Apulée : *L'AMOUR & PSYCHÉ.* Arthur NOVÁK éditeur. Illustration par Hugo BOET-TINGER.

Planche XCIV. — *LES VOYAGES DE CHARLOT.* Éditions du GOSIZDAT. Illustration par N. G. SMIRNOV, Galina & Olga TCHITCHAGOVA.

Planche XCV. — *LA CHASSE.* Édition de la I GOS. LITH. LENINGRAD. Illustration par **V.V.** LEBEDIEFF.

Planche XCVI. — *SAVREMENIK*, revue de l'Association des éditeurs croates publiée par B. LIVADIĆ & A. SCHNEIDER. Éditions de la LIBRAIRIE CYRILLE & MÉTHODE. IMPRIMERIE TIPOGRAFIJA. Illustration par P. DOBROVIĆ.

TABLE DES MATIÈRES.

LIVRE. — CLASSE 15.

IMPRIMÉ
SUR VERGÉ D'ARCHES
PAR L'IMPRIMERIE NATIONALE

————

COUVERTURE D'APRÈS LA MAQUETTE
DE L'OFFICE D'ÉDITIONS D'ART